ひきこもり × 在宅 × IT = 可能性無限大！

株式会社ウチらめっちゃ細かいんで

佐藤 啓

フロンティアリンク株式会社
代表取締役社長
株式会社ウチらめっちゃ細かいんで
代表取締役社長

あさ出版

プロローグ

ひきこもり者は、決して特殊な人たちじゃない。

日本で初めての、ひきこもり当事者・経験者主体の株式会社である「株式会社ウチらめっちゃ細かいんで（めちゃコマ）」を設立して3年、ひきこもり界隈と深く関わるようになってまもなく4年がたとうとする今、改めて「ひきこもり」についてふれようと思った時に、真っ先に出てきた言葉がこれでした。

「ひきこもり者は、決して特殊な人たちじゃない。むしろ、拍子抜けするくらい一般の人たちと変わらない」というのが、私が感じていることです。

「一般」の定義はむずかしいところですし、この言葉自体が適切かどうかも議論の余地があると思いますが、本書では「ひきこもり者」ではない人のことを「一般の人」と書くことにします。

人間ですから、誰しも得意不得意があり、好き嫌いもあったりします。みんな、「でこぼこ」しています。ただ、ひきこもり者は、その山と谷が一般の人たちよりも高かったり深かったり、あるいは、ずれていたりすることがあるのかな、とは思います。

得意なことがあればすごくできるけど、苦手なことは本当に苦手。日本という国は、家庭でも会社でも地域でも、基本的に「普通であること」が良しとされる傾向があるので、「でこぼこ」が大きかったりずれていたりすると、とても生きにくかったりするのでしょう。

しかし逆にいえば、この「でこぼこ」をうまく活かせる場があり、理解してくれる人たちと一緒であれば、ひきこもり者は一般の人たちと同じか、それ以上の能力を発揮することもできるはずです。

実際に「めちゃコマ」は、今では30名のスタッフを抱えるまでになりましたが、その大半を占めるひきこもり当事者・経験者は、みなそれぞれ得意なこと、不得意なことがあります。

得意なところを活かせるようにし、また不得意なところは他の人でカバーするようなマネジメントを行うことで、それぞれがもつ本来の力を発揮し、ホームページの制作やプログラミング講座の講師、情報サイトの編集など、いろいろな仕事を、責任をもって担当してくれています。

得意不得意のでこぼこが大きい以上、一般の人とは気をつけるべきポイントが異なります。ただ、それも慣れの問題にすぎないと、今では思うようになりました。

もともと世の中には1人として同じ人間はいません。結局のところ「最適なマネジメント」とは、1人ひとりの特性に合った接し方をすることにつきるのでしょう。それはひきこもり者であろうとなかろうと変わりません。

このように考えると、「ひきこもり者」と「一般の人」との線引きは、非常にあいまいになってきます。

むしろ問題は、「でこぼこ」に対して理解のある場や人が、日本にはまだまだ少ないこと、仮にあったとしても、それを本当に必要とする当事者たちに情報として届いていないことではないかと思います。

今回、あさ出版の佐藤和夫社長から直々に出版のお話をいただいた際に、私が伝えたいと思ったのは、「めちゃコマ」も含めて〝「でこぼこ」に理解のある人が集まる場〟は全国各地にいろいろあること、第二、第三の「めちゃコマ」的な会社をつくること自体は、方法論を押さえておけば決してむずかしいことではないということの二つでした。

本書を通じて、「めちゃコマ」的な「でこぼこ」を活かせる会社組織のつくり方や、ひきこもり界隈では「居場所」と呼んでいる、「でこぼこ」に理解のある人が集まる場についての情報を、多くの人に伝えることができればと考えています。

佐藤社長からの言葉で心に残っているのは、『めちゃコマ』という社名を活かして、全体的に明るいトーンでのお話を」ということでした。

私は決して、義務感、責任感などの重ための スタンスで「めちゃコマ」を運営しているわけではなく、ある意味で「この会社は趣味です」と言えてしまうくらい肩の力を抜いて取り組んでいます。

会社なので、最終的には利益を生み出さなければなりません。ただ、すべてにおいて試行錯誤から始まった会社ですから、短期の利益を追うよりも、むしろ〝いろいろな「でこぼこ」をもつスタッフをマネジメントし、目標を実現するための手法〟を見出していくことのほうが現時点では重要ですし、それが巡り巡って将来の利益を生み出す原動力になると考えています。

　ひきこもり当事者・経験者スタッフと接することで、自分自身の考え方にもいろいろな変化が生まれてきました。

「めちゃコマ」の親会社であるフロンティアリンク株式会社に古くから在籍するスタッフからは「社長は本当に怒らなくなった」とよく言われます。これも、ひきこもり者と多く接することによって「待つことの重要性」を学んだからかな、と思ったりもします。

　もちろん、仕事のうえで指摘しなければいけないタイミングもあるので、必要な時には厳しいことを言うこともありますが。

「めちゃコマ」という、ある意味で「型破りな」ひきこもり就労サポートの経験をみなさんと共有することで、「ひきこもり者は、決して特殊な人たちじゃない」こと、そして「ひきこもり者のサポートには、もっといろいろな形があっていいし、もっと楽しんで行うことが大事」だということを、少しでもお伝えできれば大変うれしく思います。

フロンティアリンク株式会社　代表取締役社長
株式会社ウチらめっちゃ細かいんで　代表取締役社長
佐藤　啓

第1章　ひきこもり界隈につながってみたら

第2章　ひきこもり×在宅×ＩＴ＝無限の可能性

第3章 「めちゃコマ」誕生

第4章

ひきこもり者マネジメントのむずかしさ

第5章 めちゃコマ「第2ステージ」の幕開け

第6章 在宅×IT以外の新たな可能性

第7章 ひきこもりの「垣根」の先へ

※本書は、個人のプライバシーに配慮し、登場人物名は一部、仮名を使用しています。
※「ウチらめっちゃ細かいんで」は、株式会社ウチらめっちゃ細かいんでの登録商標です。

第1章

ひきこもり界隈につながってみたら

決定的に足りないエンジニア

２０１７年４月２日。私は池袋で開催される「ひきこもりフューチャーセッションＩＯＲＩ」のイベント会場に向かっていました。

仕事柄、新宿や池袋に来ることはほとんどなく、池袋に来たのは本当に何年ぶりかのことでした。おまけに、人生初の「ひきこもりイベント」への参加ということで、普段は緊張という言葉とはほぼ無縁な性格の持ち主なのですが、この日は朝から不思議な感覚に包まれていました。「一体どんなことになるのか……」と。

私には、いとこに2人のひきこもり当事者がいます。小さな頃から知っているので、特段の違和感をもつこともなく、どちらかといえば「ちょっとおとなしくて引っ込み思案で、コミュニケーションがあまり得意ではない」という彼らのイメージのまま、ひきこもりを理解していました。

一方で世間には、新聞沙汰になってしまうような事件を起こしたひきこもり者の話や、「いい歳をして働きもしないで……」といった世間の反応があることも知ってはいました。ただ、私自身は当時、いとこ以外のひきこもり者には会ったこともなかったのです。

ではなぜ、誰一人として知り合いもいない、ひきこもりのイベントに足を運ぼうと思ったのか。

いくつか理由はあるのですが、一番はやはり、2人のいとこのことが心の片隅でずっと気になっていたからです。彼らが学校を卒業してから十数年、伝え聞く限りでは、時々はアルバイトに出たりするけれど、何らかの事情で長続きせず、その度に家に戻っているということでした。ですから、彼らの両親の心配はいかほどだろうかと思っていたのです。

私自身は大学を卒業してから10年ほどエンジニアとして働き、2006年に独立してフロンティアリンク株式会社を創業。会社設立後は、ほぼ一貫して教育を生業にして活動してきました。

両親がともに教育者ということもあり、私自身は、教育とは「人の可能性を切り拓くためのツール」であると事あるごとに感じて生きてきました。そのため、彼らが望むのなら、という前提つきではありますが、教育というツールで、2人のいとこが何かしら現状を変えるきっかけを提供できたら、という思いがあったのです。

一方、より現実的な理由として、ひきこもり界隈と関わりたいと思った出来事がありました。

フロンティアリンクは主に社会人向けのＩＴ・ビジネス系教育事業を行っています。主力はエクセルやワード、パワーポイントといったオフィス系ソフトのビジネスでの活用方法や、ホームページやスマートフォンアプリなどのプログラミング講座。あるいはもう少しビジネス寄りですと、プレゼンやデータ分析、ロジカルシンキングといった内容まで、約60種類の講座をすべて1日完結型の「1日速習」として提供するものです。

そのための講座カリキュラムはもちろんのこと、講座を受講するためのシステムもすべて自社で制作しているのですが、システムの開発にはＩＴエンジニアが必要です。ところが、じつはＩＴ技術の進展とともに、ＩＴエンジニアはますます不足気味となっているのです。

経済産業省の調査では、２０２０年には約37万人、これが２０３０年になると約79万人が不足すると予測されています。79万人というと、人口でいえば新潟市や浜松市、大阪の堺市くらいに相当します。それくらいの人口が丸ごと不足するといえば、そのインパクトがどの程度であるか想像しやすいと思います。こうした背景から、フロンティアリンクでも、ＩＴエンジニアはなかなか採用できていませんでした。

ひきこもり者１００人が集まるイベント？

ＩＴエンジニアは必要、しかし採用はむずかしい。であれば、自前で育てるしかない。しかし、どうせ育てるなら、「筋のいい人」に労力をかけたほうがいい。「では誰に……」と思った時に、ふと思い浮かんだのが２人のいとこでした。

２人とも、確かパソコンは好きだったはず。いとこ以外にひきこもり者の心当たりはないけれど、なんとなくイメージとして、ひきこもり者＝パソコン好き。もし、パソコン好きであれば、ひきこもりの人にプログラミングスキルを教えることで、フロンティアリンクでの採用はもちろん、ＩＴ業界での仕事につなげることもできるのではないか。そんな仮説が思い浮かんだのが、2016年の終わり頃でした。

これは、いろいろなひきこもりの人に話を聞いてみるしかない。

しかし、仮説に基づいて、例えばひきこもり者向けのプログラミング講座を立ち上げたところで、お客様（＝ひきこもり者）にどのようにつながればいいのかわからない。そもそも、ひきこもりの人たちがそうした講座を本当に受けたいと思うのかどうか。いとこに話を聞くことも考えましたが、いかんせん2人ではサンプルが少なすぎるのと、いとこであることでバイアスがかかり、公平な意見を聞けない可能性がありました。

では、どうやってひきこもり界隈につながったらいいのか。まずは身近なところで誰か、ひきこもりの知り合いはいないか聞いてみました。

内閣府が2016年に発表した「若者の生活に関する調査」によると、ひきこもり当事者の数は約54万人といわれています。ただこれは年齢を39歳以下で区切ったデータなので、ひきこもり界隈では多くの場合、「100万人」という数字を当事者全体の数として使っています。

なお、その後の調査で、40~64歳のいわゆる「中高年ひきこもり」は推計61万人であることも、同じ内閣府の調査でわかりました。

仮に100万人とすると、日本の人口の約100人に1人はひきこもり当事者です。そうであれば、身近な人のツテをたどっていけば、ある程度調べられる気がしたのですが、話を聞けそうな人は誰もいません。もともと社会とつながらない、また、家族も隠したがる傾向にありますから、それも無理のないことでした。

次に、ひきこもりに関するいろいろな書籍に目を通してみました。そこで知ったのが、ひきこもり界隈では有名な精神科医の斎藤環先生と、ジャーナリストの池上正樹さんです。

両氏の著作をはじめ、ひきこもり関係の書籍をいろいろ読み進める中で、池上さんの『大人のひきこもり　本当は「外に出る理由」を探している人たち』(講談社)という本の中で取り上げられていたのが「ひきこもりフューチャーセッションIORI」というイベントでした。

ネットで検索すると、すぐにIORIのホームページは見つかりました。「ひきこもり当事者だけでなく、ひきこもりに関心のある方ならどなたでも参加可能」「申し込み不要（申し込みをしてもよい）」「ドタキャン、ドタ参（当日参加）ＯＫ」などと書かれていて、参加のハードルは低そうでした。

ただ、一つだけ気になったのが、当日は１００名くらいの人が参加するとのこと。どんな人が来るのか、まったく想像できません。それでも、このイベントに参加してみなければ何も始まらない気がして、私は池袋に向かったのでした。

え？　どこにひきこもり者が？

まず会場に足を踏み入れて感じたのは、「なんだか心地がいい」ことと、「どこに、ひきこもりの人がいるのか？」ということでした。

ひきこもり者に対する強い先入観はなかったつもりですが、私の中にはやはりどこかで、ある種の固定的なイメージがありました。服装に無頓着で、自分からはあまり話さない、といった感じでしょうか。

しかし、そんなイメージは見事に打ち砕かれました。そんな感じの人もいましたが、どちらかといえば少数派で、大多数は小ざっぱりとしていて、街中で会っても、ひきこもり者とはわからない人たちがほとんどでした。男性だけでなく女性も参加していて、いろいろなところで話が盛り上がっているのです。

「ひきこもりの人って、普通じゃん」

これが、私がイベントに参加してすぐに感じたことです。

運営側からの全体説明が終わった後で、テーマごとのテーブルに分かれて議論していきます。私は、就労に関するテーブルに参加しました。

そこでは、社会人向けの教育研修を提供する会社を経営していること、いとこに2人ひきこもりの当事者がいること、ひきこもりの人にプログラミングを教えたら仕事につながるのではないかと思っているが、実際にどう思うか聞いてみたくてイベントに参加したこと、などを話しました。

十数名の参加者からは、「興味がある人は一定数いると思う」「値段にもよるが、自分も機会があれば受けてみたい」などの前向きな意見を聞くことができました。

やっぱり「ひきこもりの人って、普通」です。

「ひきこもり」というラベルをはがしてみると、会話も何ら違和感なくできるし、指摘してくれるポイントも的を射たものが多い。頭の回転の速さを感じることもあって、私はますます「ひきこもり」というイメージがつかめなくなってきました。

それでも、少なくとも、私の仮説はそれなりに可能性がありそうです。なにより、「ひきこもりの人って、いろいろな人がいておもしろい」と、純粋に好奇心が刺激されたことが、ＩＯＲＩのイベントに参加して得られた収穫でした。

「名刺、いただけますか？」

この日は、ＩＯＲＩのイベントに参加した後、最終便で熊本に向かい、ひきこもり支援を行っている方からお話をうかがう予定になっていました。そのため、早めに会場を後にしたのですが、帰り際、同じテーブルの男性から声をかけられました。

「名刺、よかったらいただけますか？」

真面目そうな印象の彼は、プログラミングは高校の時から趣味的にやっていたこと、ホームページなどをつくるためのプログラミングは自己流でやってきていたが、きちんと学び直しをしたいと思っていること、ＮＰＯの学習支援での指導経験もあるので、教えることも多分できること、などを手短に教えてくれました。

「フライトの時間が決まっていて、あまり長くお話できないのが残念です。何かあれば、いつでも連絡をください」

私が名刺を渡してこう言うと、

「もし自分に手伝えることがあれば、ぜひ何かさせてください」

とのこと。その言葉を聞いて、私は会場を後にしたのです。

その日の夜、名刺交換をした彼から早速、メールが届いていました。文章はとにかく丁寧で、会社の社長がＩＯＲＩに来ていたことに驚いたこと、私と私の会社であるフロンティアリンクに興味をもったことなどが書かれていました。

正直、驚きました。

私のいとこもそうですが、ひきこもりの人はどちらかというと引っ込み思案なところが多く、自分から行動を起こすことはあまりないと思っていたからです。まさか名刺交換をしたその日のうちにメールが届くとは想像もしていませんでした。

メールの文面も丁寧なビジネスメールそのもので、誰も彼がひきこもり者とは思わないでしょう。私は「ひきこもり者」というより、純粋に「彼」という人物に興味をもち、時間をとって彼と話をしてみることにしました。

フロンティアリンクという会社は、基本的に、全員が在宅勤務で働いています。私自身も出張が多いので、彼とはＳｋｙｐｅで話しました。

当社の事業内容、当時企画段階にあった、ひきこもり当事者向けのプログラミング講座の概要などを話し、講座を提供するためには講師が必要であることなど、具体的な部分まで説明していきました。

さらに、できれば講師もひきこもり経験者にやってもらいたいこと、ひきこもり当事者がきちんと在宅で学習を続けられるかどうかを知りたいこと、そのため、まずはモニターを何名か集めて受講のトライアルをしたいこと、なども話しました。

話をして感じたことは、彼の頭の回転の速さと確認事項の「細かさ」でした。説明する際に、「一回の講師の説明時間は〇分」「モニターは〇名」などと、具体的な数字を何度も聞かれました。

飲み込みも速く、話のテンポもいい。

「書くことが好きで、高校時代からブログを書き続けている」とも言っていました。特に誰が見るというわけではないが習慣になっていて、今でも時々書いているそうです。

文章を書けることは、一つの能力です。読んだ人にわかりやすく自分の想いを伝えるには、それなりの説明能力や構成力が必要ですし、それ自体が頭の回転の速さの表れといえるでしょう。

彼の文章には、一気に読み続けてしまう何かがありました。読み始めたら夜中の2時を回ってしまったので切り上げましたが、時間があればもっと読んでいたと思います。

彼となら、ひきこもり者へのプログラミング講座だけでなく、他にも何かおもしろいことができるかもしれない。これが、「めちゃコマ」創業メンバーの1人であり、ひきこもり界隈と深く関わるきっかけをつくり、私の人生を確実に変えてくれた人物の1人である、細野さんとの出会いでした。

2017年4月も、すでに半ばを過ぎていました。

第2章

ひきこもり×在宅×IT＝無限の可能性

ひきこもり界隈と関わる「覚悟」

ひきこもり者のイベント「ＩＯＲＩ」で知り合った細野さんにはまず、企画中のプログラミング講座の教材を一通り受講してもらいました。そのフィードバックを私が受け取りつつ、より多くのひきこもり当事者・経験者へのヒアリングや、体験受講をしてもらうための準備を進めていきました。

ここでも、やはり鍵となったのは、ＩＯＲＩでした。

ＩＯＲＩは大きく参加者と運営側に分かれているのですが、運営はすべてボランティアベースで行われており、ＩＯＲＩに参加したことのある人であれば誰でも運営ミーティングに顔を出すことができることを知りました。そこで私は、まず運営ミーティングに参加してみることにしました。

このミーティングで、ひきこもりの人に対するプログラミング講座の可能性について話をしたところ、ヒアリングの相談ができそうな団体をいくつか紹介してくれました。その中の一つが、「ＮＰＯ法人 ＫＨＪ全国ひきこもり家族会連合会」の東京の支部である「ＮＰＯ法人 楽の会リーラ」でした。

後日改めて、「楽の会リーラ」の事務所がある巣鴨を訪れると、「楽の会リーラ」の事務局スタッフである大橋史信さんが出迎えてくれ、いろいろと親身に話を聞いてくださいました。

ひきこもりの人向けのプログラミング講座自体への意見はもちろん貴重だったのですが、それ以上に勉強になったのは、家族会を運営する立場からの、次の二つのアドバイスでした。

「経験的に言えば、親の意見は二つに分かれると思います。特に、パソコンやネット、スマホは、ゲームのイメージがあるので、ひきこもりを助長・促進するものと思っている親御さんがたくさんいます。打ち出し方に工夫が必要ですね」

「支援という言葉を、当事者は嫌うことが多いんです。支援は、どうしても上から目線のイメージがあるので。横に並んで、同じ立場で課題に向き合うという意味で、サポートという言葉のほうがよいのではないでしょうか」

大橋さん自身がひきこもり経験者であり、親御さんとも向き合う立場だからこその、他では聞けないような話がいくつもありました。企画の方向性を決めるうえで非常に参考になりました。

また、この時に言われた言葉で、今でも心に残っていることがあります。ひきこもり当事者・経験者で、今は支援者と呼ばれる側に回った複数の方からも後で聞くことになるのですが、会社という立場でひきこもり者のサポートに踏み出そうとする者としての「覚悟」を問われるものでした。

「これまでも、いろいろな会社や団体がプログラミングをはじめ、さまざまなサポートプログラムの話をもってきました。ですが、どこも少しやってみて、うまくいかないと手を引いてしまいました。

その度に、ひきこもり当事者・経験者は、また裏切られた、という気持ちになってしまう。新しい会社や団体が来ると、やはり期待はするんです。でも、会社や団体のほうが先に音を上げてしまうことが多い。もし、佐藤社長がひきこもり界隈にしっかり関わろうと思うなら、長い目で見てあげてほしい。

ビジネスとして短期の利益や成功を求めるなら、うまくいかないかもしれません。

ひきこもりの人たちは、どうしても時間がかかる人が多いから。でも、ひきこもり者向けのプログラミング講座は可能性としてはおもしろいと思うし、能力的に高い人がいるのも事実だと思います。

いとこにひきこもり当事者がいるなら、ある意味で佐藤社長自身も当事者だと思います。だからこそ、少し長い目で見てもらえたらと思います」

大橋さんは真剣なまなざしで、こう話してくれました。

私は「待つ」ことが非常に苦手な人間です。自分の会社を創業して十数年、つねに実績が問われる世界で生きてきたので、結果はできる限り短期で出したいという思考回路が身についてしまっています。一方で、いとこのことを思い出しても、大橋さんの言っていることは感覚的にわかりました。

「KHJ全国ひきこもり家族会連合会」の調査によると、ひきこもり当事者の平均年齢は30代半ば。ひきこもり期間は、じつに10年におよぶというデータもあるくらいですから、プログラミング講座を一つ立ち上げるくらいで解決するような簡単な問題でないことは明らかです。

それでも、この1カ月の間に知り合ったひきこもり当事者・経験者は、細野さんや大橋さん、IORI運営メンバーをはじめ、みなさん人間として魅力的な方ばかりでした。私の中では、「ひきこもり者向けプログラミング講座」を立ち上げ、ビジネスとして軌道に乗せることはもちろんですが、「ひきこもりのことをもっと知りたい」「自分にできることがあれば、いろいろ手伝いたい」という思いが少しずつ大きくなっていました。

ビジネスも大事ですが、社会課題の解決は、ビジネスとはまた違った側面で非常に大事なテーマです。その両方を追ってみてもよいのではないかという、「めちゃコマ」の原型につながるような考え方は、この時期に固まりました。

在宅勤務は、ひきこもりを促進させる？

大橋さんからは、次のステップとして二つの提案を受けました。

一つは、大橋さんの知り合いや、「楽の会リーラ」が運営する「葵鳥」というひきこもり当事者向け「居場所」の参加者の中で、プログラミングに興味がありそうな人を集めて話をする機会をつくること。

もう一つは、「楽の会リーラ」の定例会にオブザーバーとして参加し、親御さん向けにプログラミング講座を紹介し、意見を聞いてみることでした。

どちらも私にとっては願ったり叶ったりのお話だったので、両方とも設定をお願いすることにしました。

ひきこもり当事者・経験者向けの話で盛り上がったのは、「在宅」というキーワードでした。

フロンティアリンク自体が完全在宅の会社で、社員は基本的に自宅で仕事をしており、講座自体も在宅で受講できることを説明したところ、在宅で完結するのであれば、ひきこもり状態にある人でも学習も仕事もできることになるのでよいのではないか、という意見が多数を占めました。

ちょうど細野さん自身が在宅で講座のカリキュラムを一通り学習し終えた後だったので、その体験談も交えて説明したところ、何人かが「実際に受講してみたい」と言います。早速、2名に体験をお願いすることにしました。

そのうちの1人が、『ひきこもり新聞』の制作を手伝っている小田さんでした。『ひきこもり新聞』は、ひきこもり当事者・経験者が中心となり、同じひきこもり当事者向けに情報を伝えるための媒体です。

小田さんは編集長の木村ナオヒロさんからの推薦だったのですが、じつはこの小田さん、後に「めちゃコマ」創業メンバーの1人となります。木村さんの言うとおり、「めちゃくちゃ仕事ができる」人でした。

細野さんと小田さんに出会ったことで、ひきこもり界隈には、ものすごく能力の高い人もいると改めて確信することになりました。

「楽の会リーラ」の定例会では、参加する親御さんからヒアリングする機会も得られました。

大橋さんの言うとおり、ひきこもり者の親御さんの評価は二つに分かれました。親御さん自身がパソコンやインターネットにある程度詳しければ、ホームページやLINEなどのスマートフォンアプリ作成のためのプログラミングという説明をすれば理解してもらえました。また、在宅勤務については「できれば外に出ていろいろな人と交流してほしい」という意見もあったものの、おおむね肯定的でした。

一方、パソコンにあまり詳しくなかったり、パソコンやスマホ、インターネットは

「ひきこもりを促進させる、よくないもの」と捉えている親御さんは、「これ以上パソコンばかりにふれて、しかも在宅勤務だと、ますますひきこもってしまわないか」という不安を率直に話してくれました。

これらの話から改めて思ったのは、「ひきこもり＝悪」と決めつけてしまっている人が一定数いるということです。

厚生労働省の定義では、ひきこもりとは「仕事や学校に行かず、かつ家族以外の人との交流をほとんどせずに、6カ月以上続けて自宅にひきこもっている」状態を指すのですが、それを単純に「悪いこと」と捉えてしまっていいのでしょうか？

在宅で仕事をしている場合、ひきこもりの定義に限りなく近くなる人もいます。唯一の違いは、会社には行かないが在宅で仕事はしている、ことくらいでしょうか。

一方で、親御さんの気持ちも理解できます。

仮に自分の子どもが何年、何十年と働かずに部屋に閉じこもり、家族以外の誰とも（場合によっては家族とも）話さず、何を考えているかもわからないという状態が続いているとしたら、「ひきこもり＝自分自身（親御さん）を苦しめるもの＝悪」という図式が成り立つのも無理はありません。

「ひきこもり＝悪」と考えてしまっている親御さんであれば、在宅での学習や仕事は、ひきこもりを促進する「よくないもの」と捉えてしまう可能性があります。また、「ひきこもりの解決＝外に出て仕事をすること」であると思い込んでいる場合は、在宅での仕事は「ひきこもりの解決につながらない＝選択肢として考えられない」ということになります。

親御さんの場合は、在宅での学習や仕事に手放しで賛成、という人ばかりではないことがわかったのは大きな収穫でした。

中には、「ひきこもったままでも勉強や仕事ができるのなら、それはそれでありだよね」という親御さんもいたので、在宅勤務の話をする時は、肯定的・否定的それぞれの反応があることを念頭に置いて話す必要があることに気づかされたのです。

ひきこもり者たちの仕事観

いずれにしても、ひきこもり当事者・経験者だけでなく、親御さんや支援する人も含めて多くが反応するのが、「在宅」というキーワードでした。

実際に在宅での仕事の話をする時に多く聞かれたのは、「プログラミング以外に、どんな仕事が在宅でできるのか」ということです。であれば、プログラミングは脇に置いて、在宅での仕事自体を、ひきこもり当事者・経験者がどの程度やってみたいと思っているのか、また在宅であっても仕事をすることがむずかしいのであれば、そのハードルとなっているものについて調べることが必要なのではないか、と考えました。

２０１７年６月４日、私は参加2回目となるＩＯＲＩのイベントで、テーブルのオーナーとして会場にいました。ＩＯＲＩではオーナーと参加者が一つのテーマで議論をしていきます。私のテーブルのテーマは「ひきこもり在宅勤務の可能性」でした。

ひきこもり当事者・経験者が「在宅での仕事」にどの程度興味があるのか、どんなことなら「やってみたい・できそう」と思えるのか、仕事をする場合はどんな心配ごとやハードルがあるのかについて、生の声を聞くことを目的としました。

ＩＯＲＩに参加する１００名近い人の中で、当事者・経験者・親御さん・支援者などがそれぞれどれくらいいて、どれだけの人が在宅での仕事に関心をもつのか、まったくわかりません。そこで、とにかくテーブルに来てくれた人に何か一つでも有意義な情報を届けることを目標に、ファシリテーターの助けも借りながらテーブルを運営することにしました。

運営側からの最初の説明が終わり、参加者がそれぞれ関心のあるテーブルに移るタイミングになりました。できるだけ多くの人に来てほしいと願いつつ、ドキドキしながら待っていると、最初から十数名の人が集まってくれました。

やはり在宅での仕事というテーマは、それなりに関心をもってもらえたようです。内訳としては、当事者・経験者8割、親御さん2割といったところでしょうか。予想以上に当事者の比率が高かったのが印象的でした。

テーブルの持ち時間は約1時間半。今回の最大の目的は「在宅の仕事に関しての率直な意見をできるだけ多く聞くこと」です。

そのため私からの情報提供はプログラミングをはじめとする在宅での仕事の事例紹介にいったんとどめ、次のように話しました。

「在宅での仕事、あるいは在宅という枠を取り払ってでもいいので、仕事に対する考えや思いを聞かせてください。抵抗感や心配ごとがあるとしたら、その理由はなんでしょうか。そしてどんな解決方法があるでしょうか。これらのことを、みなさんと一緒に考えていきたいと思います」

話をしてわかったのは、みなさん、根底では仕事に対して肯定的に捉えている人が多かったことです。もちろん「仕事＝仕方なくやるもの、できればやりたくない」といったネガティブな意見がなかったわけではありません。ただ、「やる気はあるけれど、失敗が怖い」とか「仕事が始まると、いきなり自分に値段がつくようで怖くなってしまう」など、「仕事はしてみたいけれど、その一歩が踏み出せない」という人が多いようでした。

そこで、さらに掘り下げて話を聞いてみたところ、これが目からウロコの話の連続で、ひきこもり者だけでなく、会社のスタッフにも十分に応用がきく指摘がたくさんありました。

中でも特に印象的だったのは、「仕事はどこまでやったら終わりなのか見えにくく、それが始めることのハードルになる」「締め切りのプレッシャーがあり、うまく乗り越えられるか不安」「在宅の場合、時間をコントロールできるかどうか不安だし、ゲームなどの誘惑とどう闘うかが課題」というものでした。

特に、「終わりが見えにくいことが、仕事を始めることのハードルになる」という意見には、多くの当事者・経験者がうなずいていました。

確かに、事務でも接客でも、一定のところまで仕事が片づくと次の仕事が出てきたりします。就業時間という区切りはあるにせよ、何をどこまでクリアすれば終わり、という概念に乏しい仕事は意外に多いかもしれません。

逆に言えば、ホームページ作成などの「何かをつくる」仕事や、マニュアルどおりに行えばよい仕事、同じ工程を繰り返せばよい仕事などは、「終わりが見えやすい」という意味で、ひきこもり当事者・経験者にとっては心理的なハードルが下がるということもわかりました。

コミュニケーションの課題

もちろん、中には「仕事は創意工夫ができるからおもしろいし、マニュアルどおりの仕事は逆に興味をそがれる」といった意見もあり、全員が、終わりが見える仕事のほうがよいと発言したわけではありません。

しかし感覚としては、半数〜6割くらいの人は、終わりが見えやすい仕事のほうがとっつきやすい、という意見に賛成していたように思います。

関連する意見としては、「マニュアルがないような場合、同じ仕事を他の人が始めから終わりまで一通り行うところを見ることができると、お手本があるのでやりやすい」といった声も多く上がりました。ひきこもり者の場合、ＯＪＴを充実させるほうがよいということがわかりました。

締め切りのプレッシャーについては、「締め切りを守れなくて叱られてしまった経験」や、「遅刻など時間を守ること全般について苦手意識がある」「できていないことがなかなか言えず、結果として相談ができないまま締め切りを迎えてしまうことがあった」といった意見などが出ました。

集約すると「時間の使い方の問題」というより「コミュニケーションの問題」に行きつくことが多いことがわかりました。

ひきこもり当事者・経験者からの「締め切り」に関する経験談をまとめると、次のようになります。

●締め切りを守れそうにないことを伝えたら、相手は怒ったり悲しんだりするだろう。そのことを申し訳なく感じる。
●一度約束した締め切りを守れない自分自身のふがいなさ。
●そうした理由から状況の報告をためらっているうちに、締め切りを過ぎてしまい、ますます切り出せなくなってしまう。
●上司などから確認されてやむなく状況を伝え、やはり怒られて、自信を失い、それが仕事から遠ざかるきっかけになった。

ひきこもり者に限らず、誰でも仕事に対する見積もり違いは発生します。その時の対処方法の基本は、できるだけ早めに上司などに報告し、締め切りを延ばすなり、追加の人員をお願いするなりの対策をとる、ということになります。

ところが、ひきこもり者の場合、この相談がなかなかできないようです。その理由についても話がいくつか出ましたが、多くの場合は相手がどう思うかをいろいろと考えてしまい、そこで止まってしまう、ということが根底にあるようでした。

成功の反対は失敗なのか？

ひきこもり界隈と関わるようになってから、「相手がどう思うかをいろいろと考えてしまう」という話は、多くの当事者・経験者からよく聞きました。

ひきこもり者自身は、周囲の人の視線や感情に対して無頓着では決してなく、むしろ「考えすぎてしまうくらいに、いろいろと考えてしまっている」ことが多いのです。

「そこまで考えてしまうのなら、一度きちんと話をしたほうがいいのでは」と思ってしまいますが、「話をすると、相手に不快な思いをさせるかもしれない」と考えているうちに、タイミングを逸してしまうのでしょう。

多くのひきこもり当事者・経験者と話して感じたのは、相手のことを考えすぎて、身動きがとれなくなってしまっているということでした。

そうであれば、話せる環境をつくる必要があります。ひきこもり者ならではの思考回路や特性を理解したうえで、彼ら、彼女らがコミュニケーションをとってみようと思える環境づくりです。

ひきこもり当事者・経験者や親御さんなどと話をしていてよく思うのは、本人が過剰なくらいに失敗を恐れているということです。

理由は人それぞれだと思いますが、私自身が話を聞いた範囲では、「何らかの失敗の結果、非常に恥ずかしい思いをしたり、怒られたりして、心が傷ついてしまった。心がこれ以上傷つくのは耐えられないので、絶対に失敗できないと思ってしまう」ということのようです。

そうであれば、「失敗は、じつは失敗ではないこと」、「失敗しても、自尊心や自己肯定感を過度に失うことがないような考え方もあること」を、本人が納得できるまで伝えていく必要があります。例えば、仕事に間に合わないことは、本当に失敗なのでしょうか。

私は機会があるごとに、「失敗は結局、誰が決めているのか」とまずは考えてみることを勧めています。

「失敗」という言葉は言い換えると、「自分が想定した結果にならなかった」ということです。しかし「想定した結果にならなかった」ことは、必ずしも「失敗」ではありません。失敗と決めつけているのは自分自身です。

逆に言えば、親や上司、友人や周囲の人たちがどれだけ「失敗」だと指摘しても、自分自身が「失敗」だと思わなければ、それは「失敗」ではありません。

世の中は、想定外のことだらけです。想定した結果を得られないことをいちいち「失敗」と捉えていたら、身も心ももちません。

私の好きなことわざの一つが「失敗は成功のもと」です。成功の対義語は失敗と一般的には考えられていますが、成功の対義語は失敗ではなく学習であるというのが私の持論です。

想定した結果が得られなかったとしても、それは失敗ではなく、想定した結果＝成功にたどり着くまでの通過点の一つにすぎません。

想定した結果にならなかった原因を分析し、そこから改善点を検討し、再度実行する——まさに、「ＰＤＣＡサイクル（Plan＝計画、Do＝実行、Check＝結果確認、Action＝改良と再実行)」と同じ話です。要は、よい結果を得るまで、このサイクルをあきらめずに回し続ければいいのです。

締め切りの話であれば、期限を守れないことは確かに、その時点では失敗かもしれません。しかし、その裏側には自分自身の見込み違いや必要なスキル不足など、自分の経験や努力などで埋められる問題があったり、「誰がやっても無理なスケジュールだった」「他の人の遅れなどで締め切りを守ることがむずかしくなった」など、自分だけでは解決できない問題があったりすることがほとんどです。

自分で解決できそうな問題であれば、次回は締め切りを守れるように工夫や努力をする。自分だけでは解決がむずかしいのであれば、上司や仲間などと解決策を練るなどすればいいでしょう。そのプロセス自体が、学習になります。

このような考え方を職場で共有すれば、ひきこもり者も、働くことへの心理的なハードルが下がるのではないかと思います。

「失敗」についての認識を改めることは、ひきこもり者だけでなく、新入社員や中堅社員に対しても有効です。

実際にフロンティアリンクでは、評価項目の一つに、目標の達成度合いを入れています。目標に到達しなかった場合には、本人がそこから何を学び、次回はどのようにその経験を活かして目標達成をめざすかを説明することができれば、それ自体も評価に組み入れるようにしています。

失敗から学習し、改善策を評価するようにした結果、社員のモチベーションが上がり、みな仕事に継続的に取り組むようになりました。

失敗を恐れがちなひきこもり者だからこそ特に、「失敗は失敗ではなく学習である」という考え方を継続的に伝えていくことが大事だと思っています。

孤独感との向き合い方

多くのひきこもり当事者・経験者からは、在宅勤務での時間のコントロールや、ゲームなどの誘惑への不安も多く聞かれました。

「際限なく仕事をやってしまうのではないか」

「ゲームをやったり眠ってしまったりして、仕事をしなくなってしまうのではないか」

などの不安です。

これらについては、

「最初に、その仕事にかける時間の概算見積もりを提示してもらえたら働きやすい」

「時々は自宅以外の場所、例えば喫茶店や図書館、コワーキングスペースなど環境を変えれば、ゲームを続けたり眠ってしまうことはないのではないか」

などの意見が出ました。さらに踏み込んで、

「在宅で仕事をしていると、孤独を感じてしまうのではないか」

「自己肯定感が低いので、自分のやっている仕事に意味を見いだせなくなってしまうのではないか」

「そうした気持ちから目をそらすために、誘惑に負けてしまうのではないか」

といった話も出ました。


フロンティアリンクは、2006年の創業当初から在宅中心で仕事を進めてきていますが、「孤独感との向き合い方」は、長年にわたる課題です。

私は、在宅勤務には「向き・不向き」があると考えています。ひきこもり者であるかどうかは関係なく、在宅勤務になると自分1人で仕事を進めるため、誰とも話さな

い時間が多くなります。仕事の合間のちょっとしたコミュニケーションが好きだったり、シーンとした環境が苦手で、ある程度周囲の会話があるほうが集中できるという人の場合は、1人でいることがつらくなってきます。

そこでフロンティアリンクでは、一時期、昼休みの前後の時間だけSkypeで全社員をつなぎ、自由に話したりしながら仕事ができる環境を用意したこともありました。ところが強制参加になると逆に、1人で黙々と仕事を進めることを好む人が不満を抱えることになり、バランスのとり方のむずかしさを痛感したことがあります。

そこで今では、強制参加をやめて、気軽なコミュニケーションをとれるように部署・部門横断のチームをつくり、テーマを決めてWeb会議システム（Zoom）を使った打ち合わせを行う中で、雑談する時間も必要に応じてとるようにしています。また、社内SNSなどを活用して、少なくとも週に1回は、上司と部下との面談も実施しています。

ただ、こうした工夫をしても、なかなか在宅勤務になじめない人はいます。そのような人からの相談で多いのが、孤独感との向き合い方です。

私は、「孤独感」と「自己肯定感」には相関関係があると思っています。実際に、大学生を対象としたある研究では、孤独感と自尊心の間には有意な負の相関があり、孤独感と社会的不安の間には正の相関があるとの結論が出ています（「大学生における孤独感と自己意識」諸井克英／実験社会心理学研究 26(2)、151-161、1987／日本グループ・ダイナミックス学会）。

つまり、自尊心＝自己肯定感が低いと孤独を感じやすく、社会的に不安な現象や状況が多くなると、孤独をより感じやすくなるということです。逆に言えば、自己肯定感を高めることができれば、孤独感を和らげることができる可能性があるわけです。

では、自己肯定感を高めるためにはどうすればよいか。仕事であれば、やはり「自分が携わっていることが誰かの役に立つことがわかる」ということが一番でしょう。そしてそのためには、上司やリーダーが、部下やスタッフそれぞれに「ありがとう」という感謝の言葉を伝えることが重要だと思います。

表面的な言葉ではなく、心からそう思って伝えることで、自分の仕事が誰かの役に立っていることを肌身で感じることができるようになるはずです。それがお客様など社外の人からのダイレクトな感想であれば、なお有効でしょう。

私は、心からの「ありがとう」は、ひきこもり当事者・経験者にも同じように有効だと考えています。

そもそも在宅勤務であれば、ひきこもりであるかどうかは関係ない？

ＩＯＲＩのテーブルでは、結局、在宅における時間配分や誘惑への対処は、先ほどの締め切りの話と同様で、コミュニケーションの工夫によって解決していくことが一番なのではないか、という話でまとまりました。

もう一つの課題としてあがっていたのが、「終わりが見えにくい仕事を始める時の心理的抵抗感」です。

これは、仕事の種類によっては解決しづらいかもしれませんが、ホームページやスマートフォンアプリの制作などであれば、「制作物を完成させる」というわかりやすい目標があるのでクリアしやすくなります。

議論を進める中で、参加者の１人が発した言葉を、私は今でも忘れることができません。
それは、「そもそも在宅であれば、ひきこもりかどうかは関係ないのでは?」という本当に的を射た、本質的な意見でした。
当たり前ですが、在宅での学習や仕事であれば、ひきこもりの状況を大きく変える必要がありません。通勤や人間関係の煩わしさも、在宅であればカットできます。ひきこもりであることを意識しなくても働ける可能性は十分にあるのです。

ひきこもり者は決して仕事に対してマイナスなイメージばかりをもっているわけではなく、自分にもできることがあるのならやってみたいと思っています。そうはいっても、一般的な仕事の場合は通勤や直接的なコミュニケーション、人間関係の煩わしさなど、いくつものハードルがあるので、最初の一歩をなかなか踏み出せずにいるのです。

しかし、ひきこもり者が仕事を始めるにあたって感じるハードルの大部分は、在宅であれば解消できる可能性がある。これが、2回目に参加したIORIのイベントでの最大の収穫でした。

私は、在宅の仕事は、ひきこもり者が一歩を踏み出すうえで大きな可能性があり、ニーズもあるという確信を得ることができました。そこで改めて、企画中のプログラミング講座を世に送り出すことの意義と、ひきこもり者が安全・安心に働ける仕事を生み出すことの必要性に思いをはせたのでした。

ひきこもり×在宅×ＩＴの仲間がそろった！

それから私は、ＩＯＲＩで知り合った人々などからの紹介を通じて、さまざまなひきこもり界隈の人たちと接するようになりました。そこで感じたのは、「ＩＴバックグラウンド」をもつ、ひきこもり界隈の人が想像以上に多いということです。

例えば、『ひきこもり新聞』の編集会議で知り合った高垣さんは、ネットワークエンジニアやSEを経験しており、その友人の村瀬さんはプロジェクトマネージャーでした。高垣さんと村瀬さんも、後に「めちゃコマ」創業当初のメンバーに加わることになるのですが、ＩＴに詳しいひきこもり者や生きづらさを抱えた人たちは、似たような状況にある人たちとのつながりが多いようでした。

特に高垣さんや村瀬さんは発達障害も抱えていたので、ひきこもりだけでなく発達障害に関する知識やつながりも得られたのは非常に意味のあることでした。

ひきこもり者の中には、何らかの精神的な疾患や発達障害が認められる人もいるといわれています。

発達障害の人は、いろいろな生きづらさを抱えています。「感覚過敏」によって音やにおい、光などにすごく敏感なため、外出して人混みに紛れたりすると疲れてしまう、「過集中」によって3日くらい寝ないでプログラミングを続けることができたりする半面、一度過集中の状態が終わると、反動で1週間くらいは使い物にならなくなってしまう、などです。

ひきこもり者や発達障害の人に学習機会や仕事を提供する際には、これらに十分配慮する必要があることを認識できました。

ところで、私がひきこもり者向けの在宅プログラミング講座を立ち上げる際にこだわったのは、「講師がひきこもり当事者・経験者である」ということでした。講師がひきこもり当事者・経験者であることで、「ピアサポート」（同じような立場の人がサポートすること）に近い効果が期待でき、ひきこもり者が安心して受講できるのではないかと考えたのです。

もちろん、誰にでも講師が務まるわけではありません。

プログラミング講座の講師ですから、ITやプログラミングの知識があることは大前提です。そのうえで、相手が理解していないところをくみとり、理解できるようにかみ砕いて説明するという「講師」としての能力も求められます。

この条件をクリアできるひきこもり当事者・経験者となると、相当限られてきますが、プログラミング以外の講師経験のあった細野さんや高垣さん、村瀬さんも含めて、最終的には6名の講師がそろいました。みなさん、「ひきこもり×在宅×IT」の可能性に魅力を感じ、サポートを申し出てくれた方ばかりでした。

ごく小さなモデルではありますが、ひきこもり当事者・経験者が在宅で仕事をし、収入を得るというモデルをスタートする目途が立ったのは2017年7月でした。私がひきこもり界隈と本格的につながったのが同年4月でしたから、それなりに早いペースで立ち上げまでもってくることができたと思います。

高垣さんや村瀬さん、それに細野さんや小田さんなども交えて議論を進めることで、講座の枠組みがどんどん固まっていきました。

講座の受講者を募集するためのホームページは、練習も兼ねて細野さんと小田さんに制作を依頼しました。

決して多い金額ではありませんが、有償での業務です。彼らにとってはホームページ制作やプログラミングによる初めての報酬ということで、短い開発期間であったにもかかわらず、頑張って仕上げてくれました。

そしてついに、「在宅で学習可能な『仕事保証付き』ホームページ制作・プログラミング講座」を、2017年7月30日にスタートさせることができました。

その名も、「ひきこもりサポート特別コース」です。

「楽の会リーラ」の大橋さんから、「支援という言葉は当事者にとっては抵抗感がある」というアドバイスを受けていたので、支援という言葉をサービス名から外し、代わりに「サポート」という言葉を入れました。その他、さまざまなひきこもり当事者・経

ひきこもりサポート特別コース

当時、細野さんと小田さんが頑張って仕上げてくれたホームページを、今も基本的にはそのまま活用しています。

※「ひきこもりサポート特別コース」はこちら
➡ https://www.progra-master.com/hk

験者の方の希望や意見を踏まえて、この講座は完成しました。

この意味で、「ひきこもりサポート特別コース」は、フロンティアリンクとひきこもり界隈との合作になるのではないかと思っています。

こうして、私のひきこもり界隈での活動が本格化することになったのです。

私は「ひきこもりサポート特別コース」立ち上げの中で、「ひきこもり×在宅×ＩＴ」の三つの組み合わせがもつ可能性は、非常に大きなものであるという確信にも似た思いを得ることができました。

一方で、この時の私はまだこの特別コースのスタートが、ひきこもり者の深い悩みや苦しみを一つずつ聞き、可能な解決方法を探す「旅」の本格的な始まりにもなるということを、おぼろげながらしか認識できていなかったのでした。

第3章

「めちゃコマ」誕生

記念すべき「第一号のお客様」

どのような新規ビジネスもそうですが、事前の綿密な調査やヒアリング、仮説検証などを行っても、「第一号のお客様」が来るまではまったく気の抜けない状況が続きます。

特に「ひきこもりサポート特別コース」の場合、フロンティアリンクが培ってきた、ＧｏｏｇｌｅやＹａｈｏｏ！などの検索結果と連動する「検索連動型広告」の経験がどの程度有効に作用するかは不透明でした。そもそも、ひきこもり者がプログラミングなどの仕事に興味をもっているとしても、自ら積極的に検索をするかどうかというところまでは、確信がもてません。

しかし、事前のヒアリングの結果、コースの情報が伝われば、やってみたいと思う人は一定数いるということはわかっています。

そこでまずは、実際にコース紹介のホームページをつくり、コース開始の１カ月ほど前から「事前予約キャンペーン」や三つ折りリーフレットの配布などによって情報拡散を始めていきました。

しかし、キャンペーンを始めてからコースが正式にスタートする7月30日までの間、事前予約をした人はゼロ。

少しは事前予約が入るのではないかという期待もあったので、これは相当な再検討が必要だと、少々重たい気分でコースの正式開始日を迎えていました。

ひきこもり当事者・経験者に、どのように情報を届けたらよいのか。

じつは、この部分はどの支援者や親御さんも抱える共通の悩みであることが後からわかったのですが、社会とのつながりを制限したり、断ち切ったりしているひきこもり者に必要な情報を届けるのは相当にむずかしいことなのです。

唯一の有力なルートは、信頼できる人からの口コミです。しかし、ひきこもり者の場合、親御さんや家族との信頼関係が失われているケースも多いので、例えば親御さんに情報を伝えても、その情報が本人に伝わるかどうかはわかりません。仮に伝わったとしても、こちら側の意図したとおりに伝わるかどうかは、まったく確信がもてませんでした。

コース開始の前日、知人に集客で苦戦している話をしたところ、「知り合いに、うつで仕事を辞めて2年近くひきこもっている人がいるので、その奥さんに話をしてみるよ」と言ってくれました。

その2日後のキャンペーン終了日に、「ひきこもりサポート特別コース」の最初の申し込みが入りました。

コースは、「インターン保証」がついた「仕事保証コース（Aコース）」と、インターン保証はないものの、月々1000円から受講可能で、学習カリキュラムはAコースと同一の「一歩応援コース（Bコース）」に分かれているのですが、この最初の申し込みは「Aコース」でした。この時の細野さんや小田さんのよろこぶ様子は、チャットからでも十分に伝わってきました。

記念すべき最初のお客様である山並さんは、その後、インターンを終了して、「めちゃコマ」所属となる第一号卒業生になります。

受講を決めたきっかけは、前述の私の知人からの情報です。奥さんが信頼する人＝私の知人からの紹介だということ、また、講座の内容を見て納得感もあったので、やってみようと思ったとのことでした。

やはり、信頼できる人からの情報は、物事を選択するうえで重要なポイントになります。「ひきこもりサポート特別コース」を世間に広めていくには、ひきこもり者が安心して「取り組んでみよう」と思えるような情報の伝え方を、もっと工夫する必要があると考えさせられたのでした。

めちゃくちゃ細かいマニュアル

「ひきこもりサポート特別コース」が、いよいよ本格的に開始しました。

教材や実習環境などはこれまでも細野さんや小田さんをはじめ何人も受講してきていますし、講師の指導についても細野さんが経験を積んできているので、すぐにでも始められる状態です。

しかし、これをお金をいただいてサービスとして提供するには足りないものがいくつかありました。その一つが「マニュアル」です。

「ひきこもりサポート特別コース」は、完全在宅での受講です。講師が遠隔でサポートするためには、まず受講者自身が、自分のパソコンで設定をする必要があります。また、受講者のパソコンのスキルレベルにばらつきがあること、一度も会う機会がないことなども考えると、かなり細かいところまで網羅したマニュアルを提供しなくてはなりません。

マニュアルの完成度や使いやすさは、サービスの良否を決める一つのポイントになってきます。

最初は私が作成することも考えたのですが、細野さん、小田さんと3人で話をしている時に、細野さんが「よかったら、私がやってみましょうか」と申し出てくれたので、彼にお願いすることにしました。

確かに、細野さんは小田さんや他の体験受講の方に何度も説明してきているので、内容については一通り把握しています。マニュアル作成は初めてのことでしたが、これも経験ということで、申し出をありがたく受けることにしました。

すでに山並さんからの申し込みがあるので、マニュアルはすぐに仕上げる必要がありました。締め切りのプレッシャーがかかる大変な仕事でしたが、依頼してから3日ほどで、最初のマニュアルが細野さんから送られてきました。

その中身に目を通した瞬間、私は言葉では言い表せないような感動を覚えたのです。

「うわぁ、めちゃくちゃ細かい！」と。


この場合の「細かい」には、決してネガティブな意味は含まれていません。このマニュアルは、パソコン初心者でも、ある程度自分で設定できるようにするという目標があるので、細かいところまで網羅されていることは、非常に大きな評価ポイントです。

細野さんが仕上げてくれたマニュアルには、図やパソコン画面の写真（キャプチャ画像）も豊富に含まれており、説明の順番も完璧で漏れがなく、これなら初心者であっても自分自身で設定を終えられると確信しました。

ページ数は40数ページほど。これだけのボリュームのマニュアルを3日ほどで書き上げるという細野さんの仕事の速さも、目を見張るものでした。


思い返すと、細野さんだけでなく小田さんの仕事ぶりも、とても細かいところに気を配っているものでした。

小田さんは「ひきこもりサポート特別コース」の、主にホームページ制作を担当してくれていました。この仕事では、デザイナーが仕上げたレイアウトをプログラムに落とし込む時、画像などの位置のずれやフォント（文字）の大きさの微妙な違いなどが発生することがあります。

また、現在はパソコンとスマートフォンの両方に対応することが、ホームページ制作のうえでは当たり前になっています。そのため、パソコンとスマートフォンそれぞれで違和感のない形で見られるように、デザイン指示書の細かいところを自分自身で補完してつくりこむことも必要です。

このあたりのセンス、どの程度細かいところまで気を配れるかということも、ホームページを制作するうえでは重要なポイントになります。小田さんは、ほぼ修正がいらないくらいに「きめ細かく」仕上げてくれました。

それまでも、ひきこもり当事者・経験者の方の独特の細かさやこだわりを感じることはありました。質問に対する返答がとても詳細であったり、一つのテーマに対しての議論がずっと続くなどです。

私自身、ひきこもり者の感性として「細かいところを気にする」面があることは理解していたつもりでしたが、細野さんや小田さんの仕事ぶりを改めて見て、彼らがもつ細かさが大きな長所として活かされていることに感銘を受けたのです。

「オレらめっちゃ細かいんで」

ひきこもり者の細かさは、仕事によっては武器になる。このことに気づいた時、「この特性を、細かいという言葉がもつネガティブさを抜きにして、うまく伝えることができないか」と考えるようになりました。

ひきこもり者の細かさは、決して重箱の隅を突つくようないやらしいものではなく、仕事を進めるうえで本質的に必要である細かさです。仕事の経験を重ねていけば手を抜いてしまうようなところも手を抜かずに対処するので、結果として非常に高い精度で細かく仕上げてくれるのです。

細野さんが提出した「衝撃のマニュアル」を目にしてから数日間、私は事あるごとに、ひきこもり者の「武器となる細かさ」をどう表現したらよいか考えていました。

私の場合、考えごとが頭から離れなくなると、眠っていても夢で考えてしまったりするのですが、ある日の夜、ふと夢の中である言葉が降りてきました。

「オレらめっちゃ細かいんで」

夢の中で私は、細野さんや小田さんと一緒に仕事をしています。私がふと、「『オレらめっちゃ細かいんで』だよね」と話すと、細野さんが「確かにそうかもしれないですね」と笑っているところで目が覚めて、あまりの語感のよさに思わず「オレらめっちゃ細かいんで！」と、寝床で叫んでしまいました。

ご丁寧に、略称も降りてきました。「めちゃコマ」です。

これなら、ネガティブなニュアンスはありません。明るい語感なので、ひきこもり者のもつ細かさという特性を前向きに捉えることができます。

これまでに浮かんだものの中でも、求めていたものに一番しっくりきます。ピカイチのフレーズが降りてきてくれたことに、自分自身で感動していました。

翌日早速、細野さんと小田さんに「オレらめっちゃ細かいんで」ってどう思う？と聞いてみたところ、2人とも「明るくていい感じじゃないですか」「おもしろいと思います」という反応です。

この時点では「めちゃコマ」が会社になることはまったく決まっていませんでしたが、少なくともこのフレーズは「どこかのタイミングで使ったらおもしろいことになりそうだ！」という予感を、みなが感じていました。

「プログラマー適性チェック」をつくってしまった

「めちゃコマ」というピカイチのキーワードが降りてきたものの、集客に関しては依然として、いろいろ工夫をする必要がありました。こういう時は、やはり「お客様の声」を聞くのが一番です。

2017年9月からは、月に1回のペースで、「ひきこもりサポート特別コース」

の概要を直接説明する無料説明会を開催することにし、コース申し込みの前に気軽に相談できる場を設けることにしました。

この説明会を含め、問い合わせや相談の中で非常に多かったのが、「興味はあるけれど、自分（または子どもなど）に本当にできるのかどうか、向いているのかどうかがわからない」というものでした。

「ひきこもりサポート特別コース」には、1カ月以内であれば完全返金保証がついています。やってみたけれどむずかしかった、自分にはプログラミングは合わないと思った、ということもあり得るからです。

しかし、「返金保証があるのはありがたいが、やはり申し込み前に、簡単でもいいので、プログラミングに対しての向き不向きがわかるとありがたい」という声が圧倒的に多かったのです。

プログラマーやITエンジニアなどの適性を調べるテストは、いろいろとあります。ただ、本格的なものは有料で、気軽に受けることはできません。

その話を細野さんとしていたところ、彼が「試験、つくってみましょうか」と、さらっと言います。

あまりにもあっさりと言うので、私も「あ、そうだね。じゃあつくってみようか」と気軽に返したのですが、後から考えてみると、プログラマーとしての適性を確認する試験を自前でつくるわけですから、相当にすごいことです。それを、淡々と言えてしまう細野さんに感心しました。

問題は細野さんが作成し、それを小田さんがホームページとして実装するという分担作業で、1週間ほどで完成しました。

トライアルでやってみた試験のでき栄えは、素晴らしいものでした。

内容は、数的処理や論理思考力など4つのジャンルごとに4問の試験問題がランダムに表示され、全部で16問の問題に答えると、正誤数や解答時間に応じて5段階で結果がわかり、メールアドレスを登録するとその結果がすぐにメールで返ってくるものです。

早速、社内のエンジニアや一般スタッフ、私の友人知人のエンジニアなど、30名ほどにお願いしてテスト受講してもらいました。その結果、概ねテストの結果と実際のプログラマーとしての能力や適性の体感値に大きな違いは見られないことがわかり、プログラマーの適性を確認する簡易的なツールとしては十分に使えるということになりました。

この「プログラマー無料適性チェック」は、現在でも「ひきこもりサポート特別コース」のホームページから簡単に行うことができます（左ページ参照）。

この時、改めて感じたのは、細野さんの能力の際立った高さでした。

細野さん自身はひきこもり歴10年で、短期でのアルバイト経験は多少あるものの、一般企業に就職した経験はまったくありません。

その後も細野さんには、さまざまな仕事をお願いすることになるのですが、フロンティアリンクの社員や私の知っている範囲の人間を含め、細野さんほど優秀な人にはなかなかお目にかかれないな、というのが実感です。

同時に、100万人いるといわれるひきこもり当事者の中には、細野さんのように非常に高い能力をもつのに、その能力を発揮する場がない人も相当数いるのではないか、と思ったのです。

仮に細野さんと同様の人が、ひきこもり当事者全体の1%だとして1万人、0・1

プログラマー無料適正チェック

所要時間は10分から15分くらいですので、
ご興味のある方はぜひご利用ください。

※「プログラマー無料適性チェック」はこちら
➡https://www.progra-master.com/hk/aptitude_step1.php

%だとしても1000人いるわけです。それだけの優秀な人たちが、さまざまな事情で社会とのつながりを断ち切った状態でいることは、本人たちが苦しい思いをしていることはもちろんですが、国全体で考えても非常に大きな損失になります。

そうした人たちの「働く場」があれば、ひきこもり者はもちろんのこと、例えばシングルマザーや介護中の人など、一般企業で働くのは時間などの関係でむずかしいような人たちにとってもよいのではないか。改めて、このような思いを強くしたのです。

それでも下がってしまう自己肯定感

細野さんや小田さんとこの先も一緒に仕事をしたいと感じた私は、それまでの業務委託はいったん完了し、改めてフロンティアリンクのアルバイトとして2人を正式に採用することにしました。

2017年9月、こうして2人のひきこもり当事者・経験者を初めて雇用することになったのですが、実際に働いてもらい始めると、こちらが想定していなかったところで彼らの自己肯定感が下がってしまう場面に遭遇することになります。

アルバイトとしての仕事が始まってすぐ、細野さんが少し疲れたような声で話をしていました。尋ねてみると、アルバイトが始まって、これまでよりも仕事の責任が増すので、本当に自分で大丈夫か心配だ、と言います。

7月から8月にかけて、仕事もそれなりに多く、マニュアル作成のように納期が厳しい業務もあったので、その疲れもあるのではと聞いてみると、「確かにそれもあるかもしれないけれど、やはりこれから先の仕事に自分がきちんと対応できるかどうかが不安です」ということでした。

私は細野さんの仕事ぶりや能力の高さに感動していたので、その旨を伝え、もし精神的にきついのであればスケジュールを含めて仕事量を調整するので、できる範囲で3カ月続けてみることを提案しました。細野さんは少し安心したのか、「わかりました」ということで、いったんその場は収まりました。

小田さんにもすぐに時間をとってもらい、何か心配事がないか確認をしました。すると、小田さんも細野さんと同じように「自分の能力で、この先もやっていけるのか、ちょっと心配です」ということでした。

私は制作したホームページのできを含め、これまでの仕事に対する感謝の言葉を伝えたうえで、細野さんと同様の提案をし、小田さんも同意してくれました。

2人が、同じタイミングで、同じように自信や自己肯定感の低下に見舞われたことで、私は新たな課題に取り組まなければならないことを痛感することになります。

ひきこもり当事者・経験者と話をしていて、気になることの一つが「自己肯定感の低さ」です。

ひきこもりになる原因は人それぞれと言われますが、一つ共通しているのは、自己肯定感や自尊心を傷つけられることが多かったことと、それらを高める機会が少なかったことのように思います。親のしつけが厳しくて何をやってもほめられなかった、何かあるたびに「だからあなたは……」「どうせあなたなんかが……」のような、いわゆる「Dワード」を他人から言われることが多かった、などです。

Dワードとは、もともとはコールセンターなどのカスタマーサービス業界で使われている言葉で、「でも」「だから」「どうせ」「だって」「できません」「ですから」のように、「D」で始まるネガティブな意味を伝える言葉のことを指します。

私自身はこれにプラスして「私なんて〜」の「なんて」も含めて、Dワードとしています。

ネガティブ志向だったり、自分に自信がない人は、得てしてこのDワードを無意識のうちに乱用しがちです。

「だから言ったじゃない、どうせダメだって」
「あなたなんかにできるわけないでしょ」
「でも、それってむずかしいですよね……」
「どうせ私なんて……」

このような言葉を、聞くことはないでしょうか。

じつは、フロンティアリンクのスタッフの中にも、無意識のうちにDワードを使用している人が何人かいました。そのたびに私は「Dワード禁止令」を出しています。

Dワード禁止令というのは、「どうせ」「だから」「だって」のような、Dワードを、会話や文章作成、あるいは自身の思考回路の中ですら、使うことをいっさい禁ずるというものです。

これをきちんと守ったスタッフは、驚くほどの短期間で思考回路がポジティブに変わり、自信にあふれるようになります。

人が変わる、と言ってもいいかもしれません。

これは現段階では仮説にすぎませんが、私の知る範囲でのひきこもり者の場合、おそらくは幼少時から中学高校くらいまでの多くの場面で継続的に、このDワードにさらされてきたように思えます。

もちろん、これらの発言に多くふれた人全員がひきこもりになるわけではありません。しかし、Dワードを他人から言われた場合、多くの人は傷つきますし、自尊心や自己肯定感が下がります。

また、他人から言われることが多くなると、自尊心や自己肯定感が下がるので、自分自身に対してもDワードを発するようになります。「だから私はダメなんだ」――。こうなってしまうと、自尊心や自己肯定感は、負のスパイラルに突入するのです。

自己肯定感の負のスパイラルを断ち切るために、私は「Dワード禁止令」を出すのですが、きちんと守っているかどうかを確認するためには、定期的な面談が必要になります。

細野さんも小田さんも直接的にDワードをたくさん使っていたわけではないのですが、話の内容に「こんな自分なんて」というニュアンスの、暗黙のDワードが含まれていることは明らかでした。そのため、直接Dワードの指摘はしませんでしたが、面談を細かく設定することで、自己肯定感が下がることをできる限り避けられるよう、様子を見ることにしたのです。

当初、私は細野さんや小田さんに対して、1週間に最低1回の面談を行うようにしていました。最近では私自身が直接面談を行うことはなくなりましたが、面談によるDワードチェックは、「めちゃコマ」が始まって3年が経過した現在でも、担当者を替えつつ継続的に行っています。

「息子が講座を受講するって言ったんです！」

2017年9月に入ると、「ひきこもりサポート特別コース」の無料説明会への参加者も徐々に増え、問い合わせも少しずつ入るようになってきました。

私自身は、「KHJ全国ひきこもり家族会連合会」の支部などでも話をする機会をいただくようになっていたのですが、そこで知り合った1人のお母さんが、「ひきこもりサポート特別コース」に非常に関心をもち、とにかく息子さんに受けさせたいと、何度も相談をされるようになりました。

お母さんの話では、息子さんは以前ITの専門学校に通っていたこともあるそうです。「パソコンは好きなので、ぜひ手に職をつけてもらいたい、きっと向いていると思う」と言います。息子さんとの関係も悪いわけではなく、日常会話はそれなりにしているが、仕事や将来の話になると嫌がったり、話を聞かなくなってしまうとのことでした。

当時は、「ひきこもりサポート特別コース」を立ち上げて2カ月ほどで、まだひきこもり者本人（潜在的な受講者）へのアプローチ方法は確立していませんでした。だからなおのこと、このお母さんの関心の高さがうれしく、直接の電話での相談にもできる限り応じ、息子さんに話す内容などのアドバイスを行っていました。

お母さんからの電話が2～3日に1回の頻度で入るようになった9月の中旬頃、いつもと少し違う様子の電話が入りました。

お母さんは、涙声になっているようでした。

「今日は、どうしましたか？」

「息子が……講座を受講するって言ったんです！」

私は思わず「おめでとうございます！」と叫んでいました。心の底から、役に立ててよかった、と思いました。

じつは、その時は、なのですが……。

考えてみると、自分たちが提供するサービスや商品を購入していただくお客様に、「ありがとうございます」ではなく「おめでとうございます」という言葉をかけることができる仕事って、どれくらいあるのかなと思います。「ひきこもりサポート特別コース」の価値を再認識した私は、気を引き締め直したのでした。

「ひきこもりサポート特別コース」では、契約書をお送りすると、そのタイミングで連絡がとれなくなってしまうといったことが時々あります。申し込みボタンは押してみたものの、いざ書面を目にすると不安になってしまうのかもしれません。

このお母さんと息子さんの場合も、電話があってから申し込みがあるまで1週間、契約書を送ってから返送されるまでに2週間くらいと、徐々に時間が空いていくのが少し気になっていました。

それでも、契約書の返送があり、教材なども送ってオリエンテーション日程を調整すれば、いよいよ受講開始というところまで来ました。息子さん本人にオリエンテーションの日程候補を送り、返事が来れば一歩を踏み出すことができる、一緒に進んでいきたいと、細野さんも心待ちにしていました。

ところが、10月上旬のある日、なかなか連絡がとれなかった息子さんから返信が来ました。

「すみませんが、クーリングオフさせてください」

私は、「せっかくここまで手続きも済んだわけですし、お母さんも楽しみにしているので少しやってみたらどうですか。やってみてから決めても問題はないですから」という話をしたのですが、本人は「やりたくはない」の一点張り。そもそも、「母親があまりにも熱心に勧めてくるので断るのも悪いと思い申し込んでみたものの、これ以上親にお金を使わせるのも忍びないから受けたくない」ということでした。

結局、息子さんの受講は幻に終わりました。

お母さんは、とても落ち込んでいて、私は十分なサポートができなかったことをお詫びしました。お母さんは、自分が受講してみて息子さんが興味をもつようにしたいとも言うのですが、〝親にこれ以上、お金を使わせたくない〟という息子さんの気持ちを考えて、まずは親子で話し合いをしてみることを提案したのでした。

できることは「情報提供」と「待つこと」

この出来事は、ひきこもり当事者と親御さんとの関係性を踏まえてアドバイスをしていくうえで大きな学びとなりました。それは、最終的に選ぶのは本人であり、周囲はあくまでも情報提供に留めるようにするべきだということです。

ひきこもり当事者は心が優しく、親御さんをはじめとする周囲の人に気を遣いすぎてしまう人が多いのです。親をがっかりさせたくないばかりに、その気がなくても「やる」と言ってしまうことがあるのでしょう。

今回の息子さんは、最終的には断る勇気をもっていたので、お母さんには一時的につらい思いをさせたかもしれませんが、ぎりぎりでよい選択ができたのではないかと思っています。

ただ、断る勇気のないひきこもり当事者の場合は苦しみ、より状況を悪化させてしまうこともあり得るだろうと、今回の出来事から学習しました。

結局のところ、私のようないわゆる「支援者」と呼ばれる立場であれ、親御さんであれ、医師やカウンセラーなどの専門家であれ、できることは「選択肢を示すこと」と「本人がそれを選ぶまで待つこと」しかないのだと思います。そして仮に何も選ばなかったとしても、その気持ちを尊重することが大切です。

ビジネスとして考えるなら、何が何でも契約させることに力を入れたくなるかもしれません。しかし一時的にはそれで利益が上がったとしても、本人から「無理に受講させられて傷ついた」などの感想が少しでも上がってしまったら、継続的なビジネスとして成り立つわけがありません。

この出来事以来、同じような親御さんがいた場合には、

「この講座に期待してくださるのはとてもありがたいのですが、お子さんに決して無理に勧めないでください。本人が望んでいないものを無理にさせても長続きしないで

すし、みなさんにとってもよいことはありません。リーフレットを置いておいたり、こんな講座があるという情報提供ならいいと思いますが、受講を促すような発言は絶対にしないでください。あくまでも選ぶのはご本人。私たちにできるのは情報を提供することと、待つことだけです」

と、営業マンとしては0点と思われるようなお話をしています。

その結果、2017年7月の開始以来、延べ120名ほどの受講者の方をお迎えしていますが、クーリングオフになったのはこの息子さんただ1名となっています。

短期の売上や利益よりも、まずはひきこもり当事者・経験者本人の安全・安心を。それが、長い目で見れば信頼につながり、会社の業績にも貢献するのだと思います。

「居場所」と「仕事」と「情報発信」と

「ひきこもりサポート特別コース」の存在を知れば、やってみたいと思うのか、それともやはり仕事やスキルアップには興味や関心はないのか。ひきこもり当事者・経験者が実際に求めているものは何なのか。

私は、ひきこもり当事者や家族などが仕事に対してどのような考えをもっているのか、もっと知りたいと思うようになりました。

そんな時、ちょうど「KHJ全国ひきこもり家族会連合会」が全国的なイベントを行うという話を聞きました。そのイベントは、「ひきこもり　つながる・かんがえる対話交流会」（略称：つな・かん）というものでした。

「つな・かん」のポイントの一つは、東京だけではなく全国のいろいろな場所で開催されることです。私自身、ひきこもり界隈と密に関わるのであれば、全国のKHJ支部は全部回りたいと思っていたので、ちょうどよい機会でもありました。

2017年9月から、山形や岡山など全国10カ所を回ったのですが、どの会場でも気になったのは、思いつめたような表情のご両親と、緊張感が伝わってくるひきこもりご本人の組み合わせでした。

「子どもの状況を何とかしたい、この場が少しでも役立てば」というご両親の強い思いと、「親のことも考え、かなり無理をしてこの場に来たけれど、自分自身どうなってしまうのだろうか、また何かつらい思いをするのではないだろうか」という本人の不安が、会場の空気の中に重なり合っているように感じられました。

「つな・かん」でも「ＩＯＲＩ」と同様に、いくつかのテーマに従ってテーブルに分かれ、話をしていくという形式です。ほぼどの会場でも見られたテーマがやはり、「就労」「仕事」に関するものでした。

「働くとはどういうことか」という根本を問うものから、ひきこもり当事者・経験者に向いている仕事、あるいは仕事に向かうまでのハードルに何があるかなど、ＩＯＲＩで話し合ったことと同じようなテーマが、ほぼどこの会場でも設定されていました。

参加して気づいたのは、地方に行けば行くほど、仕事も含めた、ひきこもり者や家族に役立つ情報が入手しにくいということです。私は、「ひきこもりサポート特別コース」や、ひきこもり者の在宅での仕事についての話をしたのですが、在宅での仕事にもさまざまな種類があることや、仕事に必要なスキルアップは在宅でもできるということ自体を知らない人もかなり多くいました。

仕事に関する情報をどこで得るかアンケートしたところ、ひきこもり者本人からはインターネットや求人情報誌という回答が多く、親御さんからは行政の窓口やＫＨＪなどの家族会で、という声が多くありました。

しかし、実際に仕事に就いた場合、やはりインターネットや求人情報誌で探した仕事を継続するのはむずかしい、ということでした。

インターネットなどでは情報が多すぎて、自分に合いそうな仕事をなかなか探せないこと、採用されても例えばコンビニのアルバイトの場合など、コミュニケーション力や臨機応変さが求められるので、疲弊してしまって長く続かないという話も出ました。

一方で、数は多くないものの、ＫＨＪなどの当事者会・家族会や「居場所」と呼ばれるひきこもり当事者・経験者が集まる場で得た情報に基づく仕事の場合、仕事を始める前に周囲の人に相談できたり、実際にその仕事をやってみた人からの感想やアドバイスがあるので、続けられることが多いことも知りました。

ここでの大事なポイントは、ひきこもり者が仕事をするうえで「居場所」が果たす役割です。

ひきこもり当事者・経験者が仕事をするにはいくつものハードルがありますが、多くのひきこもり当事者・経験者の話を聞いていてわかったのは、次のような流れがあることです。

まずは「居場所」への参加を目標にすることで生活のリズムが整いはじめ、楽しみが増える。

次に、「居場所」で同じような経験をもつ人たちと交流することで、自分自身の心の傷が少しずつ癒えていく。

さらにこの二つを通して改めて「他人や社会を信じてみよう」と思える気持ちを取り戻していく。

こうした道のりが、仕事をするうえでは必要不可欠なのです。

誰かと交流したら、また自分が傷つくのではないかという不安を抱えたまま無理に仕事をすると、実際につらい思いをしたとき、「やっぱり自分はダメだ」と考え、再びひきこもってしまうことになりかねません。

そんなふうにならないためには、「居場所」で同じような経験をした人と交流し、意見やアドバイスをもらい、少し勇気をもって行動してみることが重要なのです。

「居場所」が果たす大きな役割は、もう一つあります。「仕事でつらい思いをした時に、その思いを吐き出せる場」であることです。

仕事をしていれば誰しも、つらい思いや嫌な経験をすることがあります。たいていは、誰かに聞いてもらうことでそのストレスを発散します。

ところがひきこもり者の場合、周囲の人への気遣いや、愚痴や不平を言うとダメな人間だと思われるかもしれないなどの理由で恥ずかしいと感じ、自分で抱え込んでしまいがちです。

しかし「居場所」には、自分と同じような経験をした人たちが集まっています。ある程度は信頼して話すことができる相手もいるので、比較的「愚痴を言いやすい」環境になります。だから、仕事に就いた後も定期的に「居場所」に参加しているひきこもり経験者がたくさんいるのでしょう。


ただ、このような「居場所」の数はまだ少なく、情報がひきこもり当事者・経験者になかなか届かないこともあって、「居場所」を経由して仕事に就くことができたひきこもり者の数は、決して多くありません。

こうした現実から私は、「居場所を兼ねた働く場」の必要性を改めて強く感じました。

ひきこもり者の中には、優秀な人、環境が整えば仕事で高い能力を発揮できる人がいる。そして多くのひきこもり当事者・経験者が仕事を求めている。ところが現状では、その機会が非常に少ない。

私は思いました。

ひきこもり者が安全・安心に働ける会社を、ひきこもり者が中心となってつくればいい。名前はずばり、「オレらめっちゃ細かいんで」だ。

仕事をする会社だから、NPO的なボランティア組織ではなく、きちんと株式会社でつくろう。もしこの会社がマスコミなどにとり上げてもらえれば、ひきこもり者や家族などにいろいろな情報も届けやすくなる。会社が「居場所」の役割をあわせもつことで、ひきこもり者が安全・安心を感じられる環境をつくることができるはずだ。

私の頭の中で、ここまでやってきたことがすべてつながった瞬間でした。

２０１７年の10月半ば、こうして「めちゃコマ」の立ち上げ準備がスタートしました。

「こまネコ」キャラクター投票

「めちゃコマ」の立ち上げが決まってから、すぐに取りかかったのは設立日の調整でした。私は「大安」や「一粒万倍日」「天赦日」などの日取りを大事にするほうなのですが、2017年の10月以降で大安と一粒万倍日が重なる平日は、12月1日だけでした。月初めですし、何かを始めるには縁起がよさそうということで、その日の設立を目標とすることにしました。

設立日が決まった後は、すべきことのリストアップです。法務局への届け出などの実務的なものから、設立時メンバーの人選と役職・役割、ホームページ作成の準備などいろいろあるのですが、一つ大きなポイントになりそうだったのは、「ロゴ」でした。ロゴは、会社名の「オレらめっちゃ細かいんで」をそのまま流用することですぐにまとまったのですが、ロゴだけではインパクトに欠けるので、イメージキャラクターも考案することにしました。

私が想定したポイントは二つ。一つは、ひきこもり界隈で人気がある「ネコ」をモチーフとすること。もう一つは「細かさ」を表現するため、探偵が虫眼鏡で何かを調べているようなイメージをベースにすることを条件に、デザイナーに依頼をすることにしました。

ロゴやイメージキャラクター、ホームページの制作で大事にしたいのは、他のひきこもり者や生きづらさを感じたりしている人が安全・安心を感じられるデザインにすることでした。そこで、できる限りひきこもりに理解や関心のあるところにデザインをお願いすることにしました。

ホームページのデザインは、ひきこもり経験者主体のNPO法人である大阪の「わかもの国際支援協会」の横山泰三さんに相談し、そちらのデザイナーの方に依頼。ロゴとイメージキャラクターは、フロンティアリンク所属のデザイナーの紹介で、外部のプロのデザイナーの方にお願いすることになりました。

デザイン作業を進めていく中で、ホームページの制作を担当する小田さんから、「イメージキャラクターのデザインについては、ひきこもりサポート特別コースのモニター生でもある須藤さんが得意だから、任せてみるといい案が出るかもしれない」という話があり、須藤さんにもキャラクター案を出してもらうことにしました。

こうして2017年10月下旬、ホームページとロゴ、キャラクターのデザイン作成がスタートします。

小田さんから社名について連絡が入ったのはその頃です。「オレらめっちゃ細かいんで」という名前を聞いたひきこもり当事者の方の一部から、「オレら」という言葉は、ひきこもりの人＝男性というステレオタイプのイメージをもたれてしまうので、できれば別の言い方がよいのではないかという話でした。

確かに、性別に関係なく誰もが違和感なく呼べる名前にしなければ、「めちゃコマ」の役割を果たすことはできません。この時もすぐに、「オレら」を「ウチら」に変えたらどうか、という「ひらめき」が天から降りてきました。

「ウチらめっちゃ細かいんで」

こうして、会社名は「ウチらめっちゃ細かいんで」に修正となりました。

会社名が最終決定し、やがて上がってきたロゴとホームページのキービジュアルのラフデザインも、それぞれ素晴らしいものでしたので、すぐに決まりました。

一方、イメージキャラクターについては、私も初めての試みで、何を決め手にすればよいのか、その物差しがありません。プロのデザイナーの方と須藤さんのキャラクターデザインは、まさに甲乙つけがたかったのです。

私の好みで決めることもできます。しかし、イメージキャラクターは、まさに会社のイメージの代弁者です。それを私1人が決めてよいのか、という疑問がありました。

「めちゃコマ」のイメージキャラクター案

上４つがプロのデザイナーのデザイン、
下４つが須藤さんのデザイン。

「めちゃコマ」の立ち上げに当たっては、ＩＯＲＩのメンバーやジャーナリストの池上さんなど、いろいろな方に相談し、協力してもらっていました。その御礼も兼ねて、キックオフの食事会を行うことを10月下旬の時点で決めていたので、そこでみなさんにも意見を聞いてみることにしました。

ひきこもり当事者・経験者や支援者、ひきこもりに関心のある人などに声をかけ、みなさんの総意で決まったキャラクターであれば、きっと長く愛されるものになるだろう。そう考えて、２０１７年11月９日の「めちゃコマキックオフ」で投票を行ってイメージキャラクターを決定することにしたのです。

キックオフ当日。プロのデザイナーの方と須藤さんのそれぞれ４案の中から、好きなデザインを全員で選ぶことになりました。

投票の結果は、11票対４票で、前ページ下段の須藤さん作成の左から2番目の圧勝。私の一押しが選ばれなかったのは少し残念でしたが、「これで『めちゃコマ』は、みんなの会社になる」と確信できた瞬間でした。

ちなみに、後日談ですが、プロのデザイナーの方に一連の経緯を伝え、採用できなかったことのお詫びを伝えたところ、須藤さんのキャラクターをとてもほめてくださり、「これだけ描ければプロとして仕事できますよ」という言葉をいただきました。

このことを須藤さんに伝えると、非常によろこんでくれました。ひきこもり者のもつ潜在的なポテンシャルの高さを、この時も改めて強く感じたものです。

「『めちゃコマ』は、きっと成功する。待っている人もきっといる。きちんと立ち上げよう」と心に誓い直した時、すでに2017年は11月も後半に入っていました。

人生初の記者会見と、「めちゃコマ」始動

「めちゃコマ」立ち上げに向けて、私は一つの仕掛けを考えていました。それは「記者会見」です。

「めちゃコマ」という、ひきこもり者が安全・安心に働ける環境を、NPOではなく「株式会社」としてつくる。この日本で初めての社会実験をできるだけ多くの人、特にひきこもり当事者・経験者に知ってもらうためには、やはりメディアの力を借りることが不可欠だと考えたのです。

ひきこもり界隈と関わり始めて、すぐに気がついたことの一つに、ひきこもり当事者・経験者に情報を届けることのむずかしさがあります。ひきこもり者の多くは、さまざまな事情から社会とのつながりを断ち切らざるを得ない状況にあるため、人づてや口コミで情報を届けることがなかなかできません。

そこで、「めちゃコマ」設立に合わせて記者会見を開き、広くメディアに取り上げてもらおうと考えたのです。

ただ、記者会見を開くといっても、やったことがないので、何から手をつけていいのかわかりません。

プレスリリースをつくっても、それをいつ、どこに配ればよいのか、そもそも記者会見の場所はどこがよいのか、そんなこともわからない状態です。

そこで、ご自身もメディアに積極的に寄稿され、記者会見も経験している『不登校新聞』の石井志昂編集長に相談することにしました。

ひきこもり界隈のありがたいところの一つは、ゆるい横のつながりをベースとしつつも、困ったことがあれば、みなさんができる範囲でアイデア出しや人の紹介などを積極的にしてくれることです。とにかく、みなさん温かいのです。

石井さんが、「記者会見のイロハ」を懇切丁寧に教えてくださったおかげで、会見場所も無料で確保することができ、プレスリリースも適切なタイミングで必要な方に送付することができました。

石井さんは、タイトルの書き方や文字の大きさから始まって、レイアウト、内容、配布資料などに至るまで、すべて教えてくれました。場数を踏まれた方だからこその経験をすべて開示してくれたおかげで、記者会見の段取りを整えることができたのです。

そして迎えた運命の日。2017年12月1日は、午前中に法務局に行って「めちゃコマ」の登記申請をし、14時から霞が関の厚生労働記者会で「めちゃコマ設立記者会見」を行うというスケジュールになっていました。

記者会見に臨むスタッフは、「めちゃコマ」設立メンバー6名のうち、私も含めた5人です。私がひきこもり界隈に関わった時から一緒に動いてきた細野さん、小田さんもいます。記者さんが何人来てくれるのか、ドキドキしているうちに、記者会見開始の時間になりました。

参加してくれた記者さんは12～13名くらい。郵送・FAX含め100枚近く配布したので、正直なところもう少し来てくれることを期待していましたが、それでも人生初の記者会見にしては上出来でしょう。

こうして、日本で初めてのひきこもり当事者・経験者主体の事業会社である「株式会社ウチらめっちゃ細かいんで」が正式にスタートしました。

ひきこもり当事者・経験者が安全・安心を感じて働くことが可能な環境をどのように実現するか。

小さな一歩ではありますが、この初めての社会実験を、記者会見という舞台からスタートできたことを思い返すと、今でも感無量になります。

ただし、この時点ではまだ、「めちゃコマ」が抱えることになる数々の課題が見えていませんでした。これについては次章でお話をしていきたいと思います。

第4章
ひきこもり者マネジメントのむずかしさ

「めちゃコマ」が目指すところ

「めちゃコマ」設立記者会見では主に、会社の目指すところ、設立までの経緯、具体的に何を行うのかを話しました。

さらに、執行役員ＣＯＯに就任した村瀬さんと広報担当の三池さんを中心に、「ひきこもりサポート特別コース」の受講者や講座のサポートを行っている講師には想像を超える優秀な人たちがいること、安全・安心に働ける環境があれば仕事をしたいと思っているひきこもり者が多いこと、将来的にはＩＴ系の業務だけでなく、ひきこもり者が取り組めそうなことはどんどん行っていきたいことなどを説明しました。

特に強調したのは、①「ひきこもり者にとっての安全・安心」を担保するために会社としてどのような仕組み・仕掛けを考えているか、②「めちゃコマ」における働き方や仕事内容、③ひきこもり当事者・経験者としてこの会社に何を期待しているかの３点です。

安全・安心を担保する仕組みとしては、1人ひとりのスタッフの「得意なこと」「できること」に注目し、不得意なことやできないことは他のスタッフでカバーし合うこと、言い換えれば、「全員がフルに力を発揮できなくても、何人かで100%にすればよい」ということを、会社全体の方針とすることを話しました。

これは、社員全員で共有している、「めちゃコマ」としての最も基本的かつ現在まで続く考え方です。

ひきこもり者の場合、得意なことと不得意なことの差が大きいことが多くあります。苦手なことにとらわれると自己肯定感が低下してしまうため、「苦手なことができるようになることを、すぐには要求しない」と明言することで、安心感を醸成することを優先することにしたのです。

また、メンタルケアをしっかり行うことの重要性についても話しました。

会社自体がひきこもり当事者・経験者の集まりであることから、悩みごとなどには早い段階で気づき、必要なサポートができるようにすることが大切です。そのために、完全在宅ではあるものの、面談や雑談タイムなどのコミュニケーションの場をしっかり確保するようにしました。

さらに、企業の姿勢として、あえて当面は売上や利益という目標を追わないことも話しました。売上・利益という視点で見ると、どうしても締め切りやノルマの話が出てきてしまい、ひきこもり当事者・経験者には明に暗にプレッシャーになってしまうからです。

「めちゃコマ」が実現させたいのは、「ひきこもり者にとって安全・安心に働ける環境」であり、それは一般の人たちにとっても働きやすい環境です。働き方改革という言葉が飛び交う現代だからこそ、「めちゃコマ」のような仕事の進め方を実現させつつ、営利企業としても成立する仕掛けを生み出すことができれば、その波及効果は限りなく大きいと考えました。だからこそ、「あえて当面は」利益を追わないことにしたのです。

「めちゃコマ」が社会から受け入れられるようになれば、ホームページの作成やＩＴ企業への人材紹介などによって、売上や利益は自然とついてくるはずです。

まずは「めちゃコマ」という社会実験が、どのように社会に受け入れられるのか、それを見極めていきたいと考えていました。

「めちゃコマ」での働き方

働き方や仕事内容については、働き方のレパートリーを紹介しました。

「めちゃコマ」で仕事をしたい人は、まずホームページから無料で登録・申し込みをし、サポーター会員になります。サポーター会員になると、メールでさまざまな情報が定期的に届くほか、イベントへの優待、仕事の紹介などが行われます。

さらに、無料で「めちゃコマサポーター」としての名刺が配られ、その名刺を使って、さまざまな活動を行うことができるようになります。

また「めちゃコマ」では、「履歴書の空白」や「面接での緊張」を気にするひきこもり当事者・経験者が多いことを踏まえ、面接なしでの採用を明文化しています。

そのため面接の代わりに、原則として全員に2週間～1カ月ほど、ボランティアベースで仕事をお願いするトライアルを経験してもらうことにしました。まずはオンラインで説明会に参加してもらい、業務内容や期間、正式な仕事依頼時の報酬などを紹介します。内容に納得してもらえたら、トライアル開始となります。

トライアル期間では、実際に自分が業務を行えるかどうか、必要な時間や体力・メンタルの消耗具合などを確認します。一方、「めちゃコマ」側は提出される仕事の品質や納期、コミュニケーションの取りやすさなどを見極めます。こうして、お互いに問題ないと判断した時点で正式業務がスタートします。

正式に業務がスタートした後の働き方には全部で三つのステップがあり、順に「業務委託」「アルバイト」「正社員」となります。

業務委託では、ホームページ作成などの仕事を単発で2〜3件お願いし、お互いに問題がなく、双方が希望すれば、アルバイトとして継続的に仕事をお願いすることになります。

アルバイトの場合は時給制で、かかった業務時間を自分で記録し、それに従って報酬が支払われます。半年間経過し、本人と会社がお互いに希望した時点で正社員になることができます。

正社員の場合は原則週5日、1日8時間働ける体力およびメンタル力があることが前提となります。

ただし、いったん希望して正社員になったとしても、思ったより体力・メンタル面

サポーター会員募集ページ&名刺デザイン

2020年10月現在、2500名を超える方が登録しています。

サポーター会員には、「めちゃコマ」の名刺が配られます。

※「サポーター会員募集ページ」はこちら
➡ https://mechakoma.com/member

などで大変ということであれば、アルバイトや業務委託に戻ることもできます。会社と本人の双方にとって、やってみなければわからないことが多いため、「保険」は多ければ多いほうがよいというのが私自身、そして「めちゃコマ」の考え方になっています。

何かあったら一休みして、また復活したら、その時にできることをすればいい。必要に応じて働き方を柔軟に変更できるということを記者会見では伝えました。

「めちゃコマ」で行う主な業務については、「教育事業」「制作事業」「人材派遣・紹介事業」「みんなでつくる事業」の、4つの事業の柱を説明しました。

教育事業は「ひきこもりサポート特別コース」の経験やノウハウをそのまま引き継ぎ、「ひきこもり当事者・経験者が、プログラミングを学びたいひきこもり者に遠隔で教える」仕組みをそのまま事業化したものです。

制作事業は、「めちゃコマ」やフロンティアリンク本体のホームページをはじめとするWeb制作や、システム開発に関する事業を網羅します。

また、人材派遣・紹介事業は、今後ひきこもり者でプログラミングなどができる人材を企業に派遣したり、求職中のひきこもり者と企業とのマッチング・紹介サービスを行っていく予定であることを説明しました。

「めちゃコマ」の特色が最も現れているのが「みんなでつくる事業」です。

私は、前述の3事業だけでは、仕事をしたい、何かこれまでとは違う一歩を踏み出してみたい、というひきこもりの方に十分な選択肢をそろえることはむずかしいと考えていました。

また、「めちゃコマ」の性質上、すべてが営利事業である必要性もありません。ひきこもり者にとっての「居場所」をつくり、そこにさまざまな情報を届けることが最優先なので、そこからは事業につながるものも、事業とは遠いものも出てきます。

私やスタッフからだけでなく、ひきこもり当事者・経験者から「こんなことをしたい」というアイデアを広く募ることで、何かおもしろいことや役立つことができるのではないかと考えて、「みんなでつくる事業」を4番目の柱として入れ込みました。

ひきこもり当事者・経験者が考える「めちゃコマ」の存在意義

記者会見では多くの質問も受けました。

質問への回答で私たち全員が大切だと考えていたのは、ひきこもり当事者・経験者の目線でこの会社に期待していることを伝えられるかどうかでした。「めちゃコマ」立ち上げ時の6名のスタッフのうち、5名がひきこもり当事者・経験者で、うち4名が記者会見の会場に同席していました。この4名が、どのように考えて、この記者会見に臨んでいるのか、これを「当事者の声」として伝えることに、記者会見の最大の意義があると私は考えていました。

生の声を伝えることは、多くのひきこもり者にとって何かしらの役に立つのではないかと考えていたからです。

執行役員の村瀬さんは、「めちゃコマ」に期待することは、「リモートワークでも、当事者ならではのノウハウによる、こまめな声掛けを行い、結果として長く安心して働けるようにすること」と話しました。

当事者・経験者だからこそわかることがあり、話せることも多くあります。リモートワークのよさは、必要以上に人間関係が密になりすぎないことです。適度な距離感を保ちつつ、声掛けを欠かさないようにすることで、安全・安心を感じながら長く働ける職場環境を用意することは、「めちゃコマ」だからこそ実現できることです。

これが実際にできるようになれば、他の企業・団体などへのアドバイスやコンサルティングなどのビジネスにつなげることも視野に入ってきます。


「ひきこもりサポート特別コース」の講師リーダーであり、教育事業部リーダーになった細野さんは、「ひきこもり問題をいきなりすべて解決することはむずかしい。まずはスモールステップでできることを行っていく。そのために、『めちゃコマ』で提供する講座が役立てばいいし、講師として参加する自分自身も他のひきこもり当事者・経験者のために何かできればうれしい」と話しました。

細野さんとは私が初めて参加した「ひきこもりフューチャーセッションＩＯＲＩ」で出会っています。その後、「ひきこもりサポート特別コース」のトライアル受講からトライアル講師、単発でのホームページ作成、正式な講師アルバイトデビューというステップを経て、この日「めちゃコマ」の立ち上げスタッフとして記者会見に同席しています。その発言には深い説得力と納得感がありましたし、私は彼の思いがよくわかりました。

「めちゃコマ」ホームページなどの制作を一手に担ってきた制作事業部リーダーの小田さんからは、「ひきこもりの状態から出る・出ないも重要だが、自分で選ぶことが最も大事。その一助としてインターネットでのつながりや、『めちゃコマ』のような会社の存在意義があるのではないか」という話がありました。

これはすべてのひきこもり支援に共通することですが、大事なのは常に当事者本人の意思を尊重することです。就労したいと思っていないひきこもり当事者・経験者に就労の話をしたり、無理やり就職させることは百害あって一利なしです。逆にタイミングが合えば、自ら外に出たり仕事を探したりすることも十分にあり得るのです。

ひきこもり支援を行う人たちの間では、「あなたのためは、自分のため」という言葉がよく使われます。親御さんが「あなたのためを思って、こんな情報（仕事）をもってきた」と言っても、当事者は「自分（親）の考えや都合で言っている」と思ってしまうということを表した言葉です。

小田さんの思いは、ひきこもりの状態から出るか出ないかの判断は、あくまでも当人が主体的にするものであって、その判断を手助けするツールの一つとして、ネットでのつながりや、ひきこもったままでも働ける「めちゃコマ」という会社を役に立ててほしい、ということだったのだと思います。

ちなみに、この記者会見から半年間で、「めちゃコマ」は十数件のメディアに取り上げられ、「NHKニュース　おはよう日本」、さらに「クローズアップ現代＋」でも紹介されることになります。

締め切りとメンタル

２０１７年12月１日の記者会見に合わせる形で、「めちゃコマ」のホームページは突貫作業で制作が進んでいました。

細野さんと小田さん、進行管理を行う川崎さんの３名で仕事を回していましたが、明確な締め切りがあり、かつ、みなさんが他の仕事を抱えている状態だったので、まさに時間との闘いでした。

ホームページ制作は本来であれば、専用のさまざまなツールがあるので、それを利用するスキルを習得していれば、効率的に行うことができます。しかし、細野さんも小田さんも、自己流かつ「ひきこもりサポート特別コース」を卒業したての状態で作業を行っていたので、専用ツール習得の時間を十分にとることができず、非常に原始的な方法で制作を行っていました。そのため、時間がかかってしまい、記者会見前日まで、夜通しの作業が続くこともたびたびありました。

ひきこもり当事者・経験者に仕事をお願いする際の注意点として、「働かせすぎない」ということがあります。

基本的には、真面目すぎるくらい真面目な人たちなので、「できません」「むずかしいです」と言えず、言われたことをきちんとこなそうとしてくれる人が多いのです。結果として無理をしてしまい、体調やメンタルを崩してしまうことがあります。

納期と体調・メンタルのバランスをどのあたりでとるかは非常にむずかしいところです。私自身もいまだに悩むところですが、この時はやはり無理をさせすぎてしまったという反省がありました。

そこで私は、ホームページの今後の運営のしやすさを考えて、制作用ツールの使い方を習得してもらい、そのツールを使った形にホームページをアップグレードする作業を行うことを伝えました。

同時に、執行役員である村瀬さんに「めちゃコマ」のマネジメントをできるだけ任せられるよう、権限移譲を行いました。

メンタル面でのケアなども、それまでは私が直接、細野さんや小田さんなどに行い、必要な業務指示やスケジュールの見直しも一緒に行っていましたが、すべて村瀬さんにお願いすることにしたのです。

現場のことは、できる限りひきこもり当事者・経験者のスタッフに任せて、私自身はメディア露出や次の打ち手の検討など、社長として本来行うべき仕事に専念できるようにしたいと考えたわけです。

記者会見明けの12月4日に、『不登校新聞』の石井編集長が約束してくださったとおり、「めちゃコマ」の記事が「Yahoo!ニュース」に掲載されました。

その後、「めちゃコマサポーター会員」への登録は、1日2〜3件ずつコンスタントに来るようになり、この記事の影響は確実にあったと考えています。

「めちゃコマ」立ち上げ直後に最優先で行う必要があると考えていたのは、1人でも多くのひきこもり当事者・経験者の方に「めちゃコマ」の存在を伝えることでした。

しかし、これまでにも述べたとおり、ひきこもり当事者・経験者に直接情報を届けることはなかなかできません。この壁を破るためにはメディアの協力が必須でした。

それから少したったある日、「めちゃコマ」初の取材申し込みがありました。あるニュースサイトからの依頼でした。私だけでなく、ひきこもり当事者の生の声も載せたいということだったので、スタッフに相談をしたところ、細野さんが手を上げてくれました。

これ以降、メディア対応は私と細野さんのコンビで行うことが多くなるのですが、じつはここでも、ひきこもり当事者への対応で気をつけるべきポイントがありました。ひきこもり当事者は真面目なので、あまり気乗りしない仕事でも、相手が困っている場合には特に、その場の空気を読みすぎて引き受けてしまい、結果としてメンタルを崩してしまうケースがあります。

取材の場での細野さんは饒舌で、記者の方の意図をきちんと理解し、適切な対応をしてくれていました。

ところが、じつは取材前は極度の緊張で眠れず、取材後は疲れ果ててメンタルダウンしてしまっていたことを、私は後から知ることになります。慣れない仕事や苦手な仕事をお願いせざるを得ない場合にも、メンタルケアには十分に気をつける必要があることを改めて強く思いました。

細野さんの的確な対応により無事に掲載された記事は、「Ｙａｈｏｏ！ニュース」などにも転載され、一時はトップページのトピックス一覧にも掲載されるほどの反響がありました。

そのおかげで、「めちゃコマ」の認知度も上がり、サポーター会員登録が年末年始で一気に２００名近く増えることになりました。情報を欲しているひきこもり当事者の潜在的な数を目の当たりにし、改めて、１人でも多くのひきこもり当事者に役立つことを手掛けていきたいと心に誓いました。

パーセントでの体調報告

２０１８年を迎え、当面の仕事としては、「ひきこもりサポート特別コース」の講師に加えて、フロンティアリンクが提供する「１日速習講座」のホームページの改修・保守メンテナンス、さらに新サービスとして、ひきこもりに関するさまざまな情報を集めたポータルサイト「ひきペディア」の立ち上げや、ひきこもり当事者が集まり、いろいろな話をしたり、思い思いに過ごせる「居場所」をオンラインで提供する「オンライン当事者会」の準備を始めることになりました。

フロンティアリンクも「めちゃコマ」も社内システムの整備がこの時点では不十分だったので、その重要な役割もＩＴ経験豊富な村瀬さんや高垣さんに任せることにしました。

２０１８年が始まった時点で、「めちゃコマ」のスタッフは私を含めても７名。社内案件が多く、締め切りにある程度の余裕があるとはいえ、多くの案件を同時並行で進めるとなると、１人が２～３件を抱えざるを得ない状況になりました。

このとき私は、スタッフの体調・メンタルの状態を把握するための何らかの手法を考える必要性を感じていました。

「めちゃコマ」は創業以来、「完全在宅勤務」ですが、在宅勤務のデメリットの一つとして、お互いの顔が見えないということがあります。

同じ職場で毎日顔を合わせていれば、ちょっとした表情やしぐさなどで相手の体調や気分などを想像することができます。調子が悪そうだったり気分が落ち込んでいそうなときは、面談をしたり、休むことを提案するといったことも可能ですが、在宅の場合はそれができません。

何かいい方法はないものかと考えていたある日、天気予報の「降水確率60％」という数字が目に飛び込んできました。「これだ！」と、とっさにひらめきました。

天気と同じように、体調やメンタルの状態も、日によって変わります。それをざっくり、パーセントで表してみたらどうだろう？　１００％を最高の状態、０％を最低の状態として、自分が「今日はこれくらい」というパーセンテージを、社内ＳＮＳでの始業・終業のあいさつ時に同時に記載してもらおう。そうすれば、マネジメント側が各スタッフのおおよその調子をいつも把握できるようになり、気になることがあれば面談などで対応できるのではないか。

トライアルでスタッフに提案してみたところ、みなさん快諾してくれたので、早速「パーセントでの体調報告」を２０１８年1月からスタートしました。

こうすることで、みなさんそれぞれ、自分の調子を他の人に知らせやすくなりました。

例えば、あるスタッフがいつも30～40％台で報告をしていたのが、突然10％に下がったとします。すると、いつも見ているマネジメントスタッフが「何かあったかな」と、声掛けをします。

10％と書いたスタッフ自身も、「昨日よく眠れなくて」「風邪の調子がよくならず」など、その理由を一緒に書きやすくなります。

ひきこもり当事者の体調・メンタルをケアするための仕組みは、手探りでいろいろ試しながら整備中ですが、パーセント体調報告は現在でも続いているものの一つです。

ちなみに、このパーセント体調報告を経営者の方にお話しすると、決まって「簡単にできて効果があっていい」と言ってくださいます。経営者であれば誰でも、社員のパフォーマンスの向上には関心があるのでしょう。

「体調管理も仕事のうち」とよく聞きますが、つねに１００％の力を発揮できる状態を保つのは、誰にとってもむずかしいことです。風邪などは普段の注意で予防できるとしても、近しい人が亡くなったとか人間関係のトラブルなどは、自分だけではどうにもできません。

本来の力を発揮できない状態の時に、「自分の思いを吐き出しても大丈夫なのだという環境」を用意することが、安全・安心に働ける場につながります。その点でパーセント体調報告は、つらかったり苦しかったりする時には我慢したり隠したりする必要はなく、みんなで共有してできることを考えていこう、という会社からのメッセージだと考えています。

なお、現在ではフロンティアリンクの一部でもパーセント体調報告を導入し、コミュニケーションのきっかけとして活用しています。

形骸化する面談

2018年2月、「めちゃコマ」の新サービスとして「オンライン当事者会」がスタートしました。これは、毎回決められたテーマのもとに、司会役のスタッフが交通整理を行いながら、参加者に自由に話をしてもらう場です。

ひきこもり当事者のサポートは、「相談支援」と、「居場所」を用意することが重要です。

「居場所」とは、ひきこもり当事者・経験者が気軽に出かけることができて、同じ境遇や経験をした仲間と話したり、ただ過ごすことができるような場のことですが、絶対数が少なく、物理的に出かけて行かなければならないことから、参加がむずかしいなどの問題がありました。

一方、「めちゃコマ」もフロンティアリンクも完全在宅で、会議などはすべてオンラインで行っています。その経験を活かして、自宅の布団の中からでも参加できるような「気軽な場」を提供したらどうかと考えたわけです。

オンライン当事者会は参加費無料なので、ビジネスになるわけではありません。しかし、「ひきこもり当事者・経験者が必要としていることであれば、まずはやってみる」という「めちゃコマ」のミッションのもと、立ち上げました。

オンラインで、自分と似たような境遇や思いをもつ人とつながり、話すこともできれば、チャットでの参加もOK。ラジオのように参加者の会話をただ聞いているだけでもOKという、ゆるいスタイルでオンライン当事者会は始まりました。

開始当初は毎月第二・第四木曜の18時スタートでしたが、2019年からは第一・第三木曜の13時からの「昼の部」もスタートし、今では毎回20~30名程度が参加する定例イベントとなっています。2020年9月には、記念すべき「第100回」も開催されました。

こうしたイベントをスタートしつつ、「ひきペディア」の準備や社内システムの整備、さらにはマスコミ露出の効果で「ひきこもりサポート特別コース」の受講生も増え、とても忙しくなりました。そのため、パーセント体調報告をとり入れたとはいえ、この時期の「めちゃコマ」には、スタッフの体調・メンタルのケアによりいっそうの慎重さが求められていました。

その慎重さを欠いたためでしょう。徐々に問題が出始めたのです。

この頃の私は、同時並行で準備を始めた、日本で初めてのひきこもり当事者ネットワーク「ＮＰＯ法人Ｎｏｄｅ」の立ち上げに忙殺されており、各スタッフとの面談を行うことが時間的にもむずかしくなっていました。

執行役員の村瀬さんに各スタッフとの面談は任せ、私自身は報告を受けて指示するだけの状態になっており、現場スタッフとの直接のやり取りは極端に少なくなっていました。

そもそも面談を行う理由は大きく二つあります。

一つは現状の把握と問題点の洗い出し、もう一つは問題に対する打ち手の検討と指示です。スタッフの体調・メンタルのケアの面では、特に「問題点の洗い出し」と「打ち手の検討と指示」がそれぞれ重要になります。

スケジュールがきつかったり、人員が少なかったりした結果、仕事量が増えて体調・メンタルを崩す可能性がある場合は、大きな影響が出る前に、できる限り不安の芽を取り除く必要があります。スケジュールの先延ばしや追加人員の投下など、会社としては判断がむずかしいことであっても、速やかに決めて、指示をしなければなりません。

ところが、開発畑出身の村瀬さんにとっては、開発は納期に間に合わせることが最重要で、そもそもスケジュールの先延ばし＝決められた納期を変えるという発想自体が、出てこなかったのです。

納期は何とか守りたい、けれどもスタッフは絶対的に足りない、やることも多い。この状況の中、村瀬さんからはスケジュールを延ばす交渉をするより、スタッフを追加したいという提案が多くなってきました。

「めちゃコマ」は立ち上げたばかりで、売上の柱は「ひきこもりサポート特別コース」の講師収入と、フロンティアリンクのホームページ管理に対する委託料だけでしたから、人員を追加する余裕はほとんどありません。

そのため、村瀬さんから相談があるたびに私は、「スケジュールは多少ずらしても大丈夫なので、人を入れずに何とか今の人員で回せるように考えてほしい」という話をすることになりました。

その結果、村瀬さんが細野さんや小田さんたちと行うスタッフ面談は、「人を入れてくれない」「納期は守らなければならない」「もっと仕事をしなければならない」「いや、これ以上は無理だ」などの愚痴の言い合いになっていたことが後からわかりました。

必然的に面談は形骸化し、スタッフの雰囲気も徐々に悪化していったのです。

私自身は多忙を極めており、村瀬さんからの報告だけではそうした雰囲気の悪化を感じることができませんでした。結局、対策を打てないまま事態は流れていくことになりました。

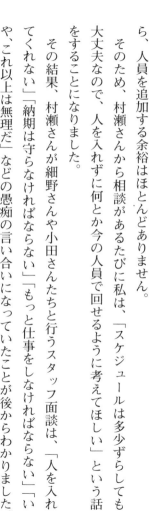

会社組織と自助グループは両立できるのか

「めちゃコマ」は立ち上げ当初から、「ひきこもり者の自助グループ」の役割をあわせもつという特色がありました。

自助グループとはその言葉のとおり、「自ら（同じ境遇の人たちが）助け合い、励まし合いながら、困難からの回復や克服を目指していく」という、当事者同士の自発的なつながりです。目的は「困難からの回復や克服」にあり、ひきこもり者の場合は「ひきこもり状態からの卒業」が目的になります。

「めちゃコマ」の場合は、ひきこもり者主体の株式会社である一方、自助グループとして、ひきこもり者目線でスタッフ同士が自然と話をすることができ、相互理解のもとにプラスの効果を得られることが期待されていました。

実際、仕事のスケジュールがきつかったり、誰かが体調不良で休む場合なども、他のスタッフが自らのひきこもり経験に基づいてアドバイスをしたり、相手に理解や共感を示すなど、当初は非常によい雰囲気で進んでいることを感じていました。

そのため、私は「めちゃコマ」立ち上げ後しばらくは、「この会社は、ひきこもりの当事者会・自助グループも兼ねています」という説明をしていたのです。

一方で、会社組織の目的は、何らかのビジョンに従って行動し、社会に貢献することです。「めちゃコマ」であれば、「誰もが安心して働ける場をつくりたい」というビジョンのもとに、ひきこもり者などへ仕事を通じて収入が得られる術を提供することで社会に貢献することとなります。

そして実際には仕事ですから、納期もあれば、むずかしい課題に直面することもあります。自分の現在のスキルや経験では歯が立たないことなど、いろいろな困難が降りかかってくることもあります。

自助グループが「困難からの回復や克服」に主眼を置くのに対し、会社組織はその存在自体が「時として困難を生み出すもの」なのです。

もちろん、困難の種類は異なります。ただ、ある困難からの回復や克服を目指す人たちが、種類が違うとはいえ、別の困難にさらされる可能性のある場に身を置くということがどんな意味をもつのか。

私は「めちゃコマ」で実際に起きたことをきっかけに、初めてこのことを深く理解することになります。

社内に広がったネガティブな気持ちや不安

2018年2月から3月にかけては、「めちゃコマ」はオンライン当事者会の開催に加えて、増加する「ひきこもりサポート特別コース」の受講生に対する講師業務や、それにまつわる環境の整備、さらには2018年4月開始予定の、精神・発達障害者を主な対象としたプログラミングの学校「フロンティアリンク キャリアセンター」(厚生労働省指定「就労移行支援事業所」)立ち上げのサポート、そして前述の「ひきペディア」の立ち上げなど、業務が目白押しで、スタッフは全員かなりの業務量を抱えていました。

その中で、私は現場の細かな進捗管理やスタッフ面談をほぼ村瀬さんに任せた状態でした。

ひきこもり当事者・経験者は、自己肯定感の低さから自信がなかったり、不安や心配などネガティブな感情に対する感覚が人一倍鋭敏です。

「めちゃコマ」を会社組織として考えた場合には、このネガティブな感情や不安をうまくコントロールし、業務目標を達成できるようにマネジメントしていく必要があります。一方、自助グループとして考えた場合には、このネガティブな思いを共有し、まずはそれにみなで向き合うことが必要です。

後からわかったことですが、村瀬さんは、後者の自助グループとしての対処を行っていました。

面談ではまず、仕事に関する不平不満を含め、ネガティブな気持ちや不安をスタッフ同士で共有していたそうです。

しかし、1人でもネガティブな思いの強い人がいると、周りにもそれが伝わり、他の人もより不安な思いに囚われてしまいます。

特にひきこもり当事者・経験者の場合、少しの不安や心配が必要以上に増幅されて受けとられてしまうことがあります。その結果、不安が不安をあおり、「これ以上、仕事はできない」「もう無理だ」「だけど社長からの指示は守らなければならない」という堂々巡りの議論になってしまっていたのが、自助グループとしての、当時の「めちゃコマ」の内情でした。

この時、会社組織のマネジメントができる人がいて、課題の洗い出しと解決策の提示をしつつ、ネガティブな感情や不安のコントロールをきめ細かに行うことができていれば、話は違っていたのかもしれません。

ただ、当時の「めちゃコマ」は村瀬さんも含め、実際にそうしたことを現場で行っている人はいない状況でした。その結果、自ずと自助グループとしての比重が大きくなり、「めちゃコマ」全体が「負の感情のスパイラル」から抜け出せなくなりつつあったのです。

改めて、客観的にこの事実にふれた時、私は会社組織と自助グループの両立は極めてむずかしいと思いました。会社組織が自助グループ的な役割をあわせもつ場合は、より緻密で繊細な感情面でのマネジメントが必要になるのです。

それをどのようにすればよいのかは、いまだ模索中なのですが、この一連の経験を経て私自身が「めちゃコマ」のマネジメントに取り入れたことについては、次の章で記したいと思います。

コミュニケーション不足と相互不信

２０１８年も4月に入り、精神・発達障害者向けプログラミングスクール「フロンティアリンク キャリアセンター」が東京と大阪でスタートし、「めちゃコマ」には、現地もしくは遠隔で講師としての業務を開始する人も出てきました。

それと前後して、スタッフの中には、一定の仕事を任せても大丈夫だと、本人および村瀬さんが話し合って決めた人も出てきており、細野さんと小田さんには正社員として仕事をお願いすることになりました。

しかし、この正社員化がさらに、「めちゃコマ」をネガティブな方向に進めることになってしまうとは、この時にはまだ誰も気づいていませんでした。

この頃の私のスケジュールを思い返してみると、今でも本当に大変だったと思います。「Ｎｏｄｅ」の立ち上げと5月のキックオフシンポジウム開催に向けて、毎週数回のネット会議を行っていました。

キャリアセンターの立ち上げも東京と大阪でスタートしていましたが、管理者自体がまだ手探り状態だったため、それぞれの管理者との面談や各スタッフへの指示出しなども私が行う必要がありました。

キャリアセンターは、フロンティアリンクとしては初めての「社員が顔を合わせる事業所」であり、その運営で人間関係のトラブルが発生し、不平不満も上がっていました。

私は、企画立案から具体的な指示出し、トラブル発生時の火消し、さらには自分自身でもいくつかの現場業務を回すなど、「めちゃコマ」のスタッフにまで気が回らない状態になってしまっていたのです。

ただ、キャリアセンター配属となった細野さんや、2月に「めちゃコマ」に入社し、4月からキャリアセンター配属となった講師担当の後藤さんなどの仕事量は、この段階ではそれほど多くはないはずでした。

キャリアセンターは立ち上がったばかりで、お客様もたくさん来ているわけではありません。パソコンの整備や教材の準備などの作業はあるにせよ、メンタル不調をきたすほどの仕事量だとは考えていなかったのです。

しかし、キャリアセンターの管理者や村瀬さんからは、「細野さんや後藤さんのメンタルが心配だ、大丈夫か」「仕事がつらそうだ」「仕事量を減らしたほうがよいのではないか」という声が上がってきていました。それでも私は、「なぜそんなに仕事が忙しいのか」と思っていたのです。

では2人は、なぜメンタル不調になってしまうくらいに忙しかったのか。

細かいところによく気がつくという特性は、ひきこもり者の強みの一つですから、私はその強みを活かした仕事を任せていました。

ところが、マネジメント役がいなかったために、細野さんや後藤さんは、指示された件以外の多くの仕事に気づき、片づけたい細かなことがどんどん積み上がってしまったのです。その結果、「こんなに仕事が多いのに人を増やさないのはなぜなのか」「なぜ人を増やしてくれないんだ」という不満が溜まっていったのでしょう。

そして、キャパシティを越えてしまい、結果として、メンタル不調や入院といった事態を招いてしまったのでした。

ひきこもり者は、内容や優先順位ではなく、目についた部分から仕事を片づけようとすることが時々あります。そのため、後回しにできる部分でも先にやってしまう、ということが起こるのです。

この頃の「めちゃコマ」は、まだ人を増やすことは予算的にむずかしい状況でした。私としては仕事量には余裕があるようにしているつもりだったのですが、コミュニケーションやマネジメントの不足もあって、彼らの思いを理解できていなかったのです。そして、こうしたスタッフたちの裏事情に直面することになったのは、実際には「最悪の事態」が勃発してからでした。

当時、じつは私の中にも、彼らに対する、ある種の不信感が芽生えてしまっていました。もしかしたら、できるだけ早いタイミングで「めちゃコマ」のメンバー全員ときちんと個別面談をしていれば、お互いの不信感は解消できていたかもしれません。

少なくとも、現場側が感じていた「仕事が多すぎる」という点については、納期を調整したり、優先順位が高くない仕事を後回しにしたりするなどの交通整理によって、ある程度解消することができたでしょう。

そもそも、体調不良になるまで仕事をする必要はないというのが、私、そして「めちゃコマ」の考え方でしたから、もう少し緩やかなペースで仕事をできるように調整することもできました。

コミュニケーション不足が相互不信を生み出してしまうことは、どこの会社でも往々にして起きうることですが、「めちゃコマ」の場合はよりはっきりと顕在化してしまったのだと思います。

最悪の事態の勃発

２０１８年5月は、ゴールデンウィーク明けの7日（月）に「Ｎｏｄｅ」の設立記者会見があり、さらに19日（土）にはＮｏｄｅのキックオフシンポジウムを行うということで、前月に引き続き、私自身も慌ただしい毎日を過ごしていました。

細野さんや後藤さんはメンタルの落ち込みや体調不良による入院などもありましたが、この頃までは何とか頑張ってくれていました。それでも周囲から心配する声が上がっていたこともあり、私はシンポジウムの終了後、久しぶりに個別面談を行うことにしました。

細野さんには、メンタルのつらさはあるものの、一方でメディアの取材にも積極的に応じてくれていたので、キャリアセンターの仕事からいったん離れ、ゆっくり休んで体調を整えて、また戻って仕事をしてほしいと話しました。本人は、「キャリアセンターから離れることができるのであれば、もう少し頑張ってみたい」ということだったので、ひとまず胸をなでおろしました。

翌日、後藤さんから「お話があります」という連絡が来ました。経験上、社員が何の前触れもなく、ただ「お話が……」という時は、ほぼ間違いなく退職に関することですから、少し心構えをして臨むことにしました。

話の内容は想像どおりでした。

「メンタル的にも体調的にも限界なので、退職したい」ということでした。そうした状況で、これ以上引き留めるのは本人にも会社にもよくないと判断し、残念ですが後藤さんについては退職の方向で話を進めることにしました。

ところが、その翌日、細野さんからも「退職願」が届きました。しかも驚いたのは、その文面が後藤さんから送られてきた内容とほぼ同一だったことでした。この展開は正直に言って「青天の霹靂」で、予想だにしなかったことです。

細野さんは、「ひきこもりサポート特別コース」や「めちゃコマ」の立ち上げメンバーであり、私がひきこもり界隈に足を踏み入れることになったきっかけをつくってくれた1人です。

何とかして退職を回避できないものかと考えました。そこで気になったのが、もう1人の立ち上げメンバーである小田さんです。小田さんはホームページ関連の業務を一手に引き受けてくれていました。

「Node」の記者会見に合わせて最後は突貫作業でホームページを仕上げてくれたこともあり、小田さんには体調を回復してもらおうと2週間程度休んでもらっていました。

休み明け、小田さんとも面談したところ、なんと退職したいと言います。ただ、細野さんの退職の件は知らなかったとのことで、小田さん自身でいろいろと考えたうえでの結論だということでした。やはり、業務が想像以上に多かったことと、ある種の「燃えつき」のようなものを感じてしまったようでした。

「めちゃコマ」の主力メンバーのうち3人が、そろって退職するということになったのが２０１８年5月下旬。そのタイミングで、執行役員としてマネジメントをお願いしていた村瀬さんや講師担当の高垣さん、さらにはデザインやデータ整理などの手伝いをしてくれていた須藤さんや畑さんも、立て続けに会社を辞めることになってしまいました。

この時点で残ったのは、創業メンバーでは私と三池さんの2名と、３月から業務委託で入っていた高橋さん、そして４月に「ひきこもりサポート特別コース」卒業生として初めて「めちゃコマ」にアルバイトで入社した山並さんの、合計４名でした。業務委託まで含めると11名中７名が辞めるという、会社としてはまさに「存亡の危機」です。

面談の形骸化から始まり、当事者会的なネガティブスパイラルの増幅、またコミュニケーション不足による相互不信が重なり、最悪の事態が勃発したのでした。

何をマネジメントするか

「めちゃコマ」を設立した２０１７年12月からの半年間で経験したことは、これまでの私自身のマネジメントスタイルを大きく見直すきっかけとなりました。

会社にはビジネス目標があり、その目標を達成するためにさまざまなマネジメントを行います。売上・利益・納期・品質などは、経営者であればつねに頭に入っている内容です。私自身も過去の十数年は、これらの内容をマネジメントすることで、フロンティアリンクを運営してきました。

一方で、今回の「めちゃコマ」の一連の出来事は、改めて私自身に「会社は人がいて初めて続けられる」という、ごくごく当たり前のことを突きつけました。人がこれだけ大量に、しかも一度に辞めるというのは会社の存続にかかわる話ですし、私自身も初めて経験したことでした。

しかも、彼らが辞めた一番の理由は、最終的には私との相互不信でした。どのような事情があるにせよ、大量離職という事実は変わりませんし、私自身が大きな責任を負うべき話です。

ビジネス目標を達成する以前の問題として、会社が会社として、あるいは組織として存続するためには、当たり前ですが人がきちんと定着する必要があります。そのために大切なのは、互いに信頼関係を構築して仕事に取り組める環境を整備することです。

このことは、普通の会社でも当たり前のことです。これが「めちゃコマ」であれば、信頼関係はもっともっと重要であることに気がついているべきでした。

一般の会社であれば、一に「売上」や「利益」があり、二に「人」がくるのかもしれません。

しかし、「めちゃコマ」が優先すべきマネジメントは、1人ひとりのメンタルを重視するということでした。メンタルを含む体調面に関してマネジメントをしっかりやって、人が辞めないという体制をつくらない限り、結局はまた大量離職が発生してしまいます。

マネジメントの優先順位が一般の会社とは大きく違うということを、私はこの一連の出来事を通じて強く認識することになりました。

会社運営においては、売上や利益などのビジネス面を主に管理する人も、人的な面でのマネジメントをする人も不可欠で、この二つは「両輪」です。

そして、トップに立つ人間は、そのバランスを見極めながら、事業を運営しなければなりません。

「めちゃコマ」で私が経験したことは反面教師として、どの会社でも気をつけるべきことと言えるでしょう。

こうして、多くの離職者が出てしまった「めちゃコマ」ですが、せっかく生まれた「日本で初めてのひきこもり者主体の株式会社」を簡単に閉めるわけにはいきません。

では、何をマネジメントするのか。

「めちゃコマ」の存続には、まずは人的な面でのマネジメント、特にメンタルケアの仕組みをしっかり構築するしかない。腹をくくって、自らのマネジメントスタイルを変える必要がある。

「めちゃコマ」の第二ステージは、このような私自身の思いとともにスタートを切ることになりました。

第5章

めちゃコマ「第2ステージ」の幕開け

救ってくれたのも「ひきこもり者」だった

2018年5月、「めちゃコマ」の社運を賭けた「立て直し」が待ったなしでスタートしました。

じつはこのタイミングで、マネジメントを任せられそうな人材は運よく見つかっていました。2018年5月末に入社し、現在もマネージャーであり、デザイナー兼Webディレクターでもある矢野さんは、マネジメントをお願いしていた村瀬さんが面接をして採用を進言してくれた人でした。

矢野さんは「Node」のイベントにも自発的に参加をしてくれており、自身が過去に働きすぎで体調を崩した経験があったことから、「めちゃコマ」の存在意義に強く共感してくれていました。そこでマネジメントは、しばらく私と矢野さんの2人で担当し、徐々に矢野さんに任せる比率を上げていくことにしました。

問題は、「ひきこもりサポート特別コース」の後任講師の人材です。講師が4名も一気に抜けてしまうのですから、すぐに手を打たなければいけない課題でした。

エクセルなどのオフィス系講師はもちろん、ホームページやプログラミングなどがわかるエンジニア系講師の募集が非常にむずかしいことは、社会人向け教育を長年行っているフロンティアリンク・ビジネススクールの経験で痛いほどわかっていました。そもそも講師として適任な人材が少ないうえ、各方面のニーズは多いので、結局は奪い合いのような形になってしまいます。

まして、「ひきこもりサポート特別コース」は講師陣がひきこもり経験者であることを特色にしていたわけですから、私は頭を抱えていました。


解決できそうもない困難な事態に直面した時、私はいつも二つのことに焦点を絞って考えます。それは、「できる限りシンプルに考える」「最も本質的に重要なものは何かを考える」の2点です。

講師の条件は、ひきこもり経験者であること。これは、最も本質的に重要なものです。シンプルに考えると、「講師募集は、ひきこもり者の中から行わなければならない」ということにたどり着きます。

すでにご紹介したように「めちゃコマ」には「サポーター会員」という、ひきこもり者のコミュニティがあります。この時点で、「Ｎｏｄｅ」の立ち上げや「めちゃコマ」の各種メディアへの露出などの効果もあり、１２００名近い登録がありました。

「サポーター会員に賭けるしかない」

そう結論を出した私は、すぐに毎週木曜日発行のメールマガジンで、祈るような気持ちで「ひきこもりサポート特別コースの講師募集」の案内を出しました。

結果、メールマガジンを送付した5月24日から翌週までに、トータルで十数件の応募がありました。その中には経歴として申し分ない人も複数いました。

「ひきこもりの人を救いたくて始めた『めちゃコマ』だけど、『めちゃコマ』を救ってくれるのも、ひきこもりの人だ」

この時、私が感じた、偽りのない気持ちです。

トライアルベースの採用プロセス

思えば、ひきこもり当事者と初めてつながった1年前に感じた「ひきこもり者の中には優秀な人たちが眠っている」ということが、改めて今回の講師募集で明らかになったわけです。

ひきこもり者の中にも、潜在的に仕事をしたいと思っている人や、実際に経歴や能力的に申し分ない人たちがいて、募集をすれば手をあげてくれる人もいる。講師という採用がむずかしい職種でも、ひきこもり者の中に人材が眠っている。慢性的な人材不足が続くＩＴ業界において、このひきこもり者の存在を「未開拓の人材プール」と捉えることができれば非常に大きな可能性があることを、この時に再度認識しました。

ただ、「めちゃコマ」設立の記者発表でも述べたことですが、ひきこもり当事者・経験者で仕事を探している人が、実際に仕事に就くまでに超えなくてはならないハードルはいくつもあります。その中で最も大きなものが、履歴書・職務経歴書を用意することと、それに基づく面接です。

一般企業に就職した経験がある人でも、ひきこもり期間の空白をどのように理由づけするか悩んで足踏みしてしまうということですから、就職経験のない方が履歴書の記入欄を目の前にして絶望を感じてしまうというのは容易に想像がつきます。

しかし、仕事をお願いするうえで本質的に重要なのは、「現在、実際にその仕事を任せられるかどうか」です。

履歴書や職務経歴書、面接はその判断材料としては確かに役立つと思いますし、現にフロンティアリンクや「めちゃコマ」の一部の仕事については、これらをベースに判断をすることもあります。

ただ、それ以外の選択肢も用意することが、仕事を探しているひきこもりの人たちを採用する際には特に重要なのです。

そのため、今回の講師募集については、履歴書や職務経歴書は、出せる人だけでよいということにし、すべての応募に対して「トライアルベースで一定期間の講師トレーニングを行い、既存講師・応募者の双方が大丈夫と認識した時点で、報酬が発生する業務として開始する」ことをルールとして設定しました。なにより「自ら手をあげて応募した」という時点で、やる気があること自体は間違いないわけですから。

これにより、履歴書や職務経歴書を出せない人でも、独学などでスキルを身につけ、必要なコミュニケーションをとることができれば、講師としての道が開けることになりました。

ちなみに、このトライアルベースの採用プロセスについては、①応募者に現在稼働中の講師の授業を3回同席して聞いてもらい、②そのうえで今度は稼働中の講師がサポートに入る形で応募者が模擬授業を3回行い、③稼働中の講師から見てスキルやコミュニケーション的に問題がなく、④応募者自身が仕事としてやっていけそうだという感触をつかめた時点で、講師として実際の仕事を有償で開始できることにしています。これは現在でも、講師を新たに採用する時のルールとして、定着しています。

採用に関しては、ひきこもり者であろうとなかろうと「見極め」がむずかしいものですが、少なくとも「めちゃコマ」に関しては、この採用プロセスをとり始めてから行き違いは起こりにくくなりました。

トライアルベースでの確認・トレーニング期間があるため、採用側も応募側も「持ち出し」が発生しますが、少なくともお互いに「一緒にやっていけそうか」という感覚を事前に確認することができます。

コミュニケーションに関しても、トライアル期間が平均して2週間~1カ月程度あるため、仕事を行ううえで問題がないかどうかを把握するには十分です。またスキルについても、有償の業務をこなすレベルに達しているかどうかを、時間をかけて見極めることができます。

このような「トライアル採用」のプロセスを同時に整備したことで、最終的には6月半ばまでに5名の講師を採用することができました。

最悪の事態が勃発し、一時は「めちゃコマ」の存続自体が危ぶまれるという状態にまで追い込まれましたが、この状況を救ってくれたのもまた、ひきこもり者でした。

こうして、首の皮一枚でつながった「めちゃコマ」は、なんとか第二ステージの幕を開けることができたのです。

週1回のメンタルケア面談

一般の会社でもそうですが、離職が続き、その補充で新規採用が多くなると、結局、仕事の引き継ぎや新しく入社した社員の教育などで時間をとられてしまい、本来すべき仕事に回せる時間が少なくなったり残業が多くなるなどして、会社や社員のパフォーマンスは下がってしまいます。

ですから、離職率を下げるマネジメントが、人事管理においては非常に大切です。

特に「めちゃコマ」の場合は、とにかくスタッフのメンタルの安定がなければ長く働き続けることはできません。喫緊の課題として、メンタルケアの仕組みを用意することが必要でした。

幸いにして、キャリアセンターには精神保健福祉士などの専門資格をもったスタッフも在籍していました。「めちゃコマ」講師陣はキャリアセンターにおいて、精神・発達障害などの人がプログラミングスキルやITトレーニングを受ける際の外部講師の役割も担っています。そのため、キャリアセンターのスタッフとの間で、利用者のサポートに関する話もいろいろと交わす必要が出てきます。

そこで利用者のサポートを含め、相互理解を深めるミーティングの一環として、私や矢野さんも同席したうえで、まずは「めちゃコマ」講師スタッフ本人とキャリアセンターの専門資格をもつスタッフが週1回、定期的にWeb会議システム（Zoom）で話をする機会を設けることにしました。

基本的には1回15分程度、長くても30分までとし、内容としては仕事の話はもちろんのこと、業務の負担状況やメンタル状況なども聞くことにしました。

キャリアセンターの専門スタッフが忙しい場合や、開発担当などキャリアセンターと直接接点のないスタッフに関しては、私か矢野さんと当人だけでもよいので直接話をする機会をとにかく定例化することから始めました。

話をするタイミングによっては、仕事に関する困りごとなどが見当たらない場合もあるので、その際は雑談的な話題もＯＫということにしました。

こうして、「めちゃコマ」スタッフのメンタルケアの仕組みは、専門家の力も借りつつ、当人たちの悩みごとを話せる時間を週1回は必ずとるところからスタートしたのです。

この週1回の面談は、マネージャーがメンタルケアを意識しつつ、業務打ち合わせを週に1、2回は行う形に自然と変化していったことで、２０２０年にはいったん終了しました。

ただ「週に1回は必ずマネージャーとスタッフが話をする機会をつくる」「マネージャーはスタッフのメンタルケアにつねに注意を払う」という習慣を会社の文化として根づかせることができた点については、大きな意義があったと感じています。

このような仕組みづくりを継続的に行ってきたことで、２０１８年5月のスタッフ大量離職以降、メンタル面での不調が理由で退職したスタッフは1人もいません。

信頼関係がメンタルを安定させる

メンタルケアの面談を進めていて思ったのは、マネージャーとスタッフ当人との信頼関係の強さがメンタルの安定につながるという、当たり前の事実でした。

キャリアセンターの専門スタッフとの間で、業務の打ち合わせを含めたメンタルケアを行っていた時期には、やはり面談が形骸化してしまうこともありました。担当者のローテーションもありますし、専門スタッフに対して当人たちがどこまで心を開けるかというと、やはりハードルはあるわけです。

安心して長く働ける環境をつくるという意味では、もうひと工夫が必要でした。

この点で矢野さんがすごかったのは、面談に同席することを繰り返すうちに、専門スタッフが話す内容をある程度頭に入れ、各スタッフに業務指示や確認などをする際にメンタルケアも併せて行うようにしてしまったことでした。

キャリアセンターの専門スタッフとの面談も続いていたのですが、矢野さんが業務指示などとあわせてメンタルケアを定期的に行っていたおかげで、専門スタッフとの面談では情報共有や相談といった業務打ち合わせレベルの内容で済んでしまうことが多くなりました。結果として、キャリアセンターの専門スタッフはメンタルケアではなく、本来の業務上のやりとりだけを行えばよい形になったのです。

マネージャーとスタッフの信頼関係の強さが当人のメンタルの安定につながることを、改めて思い知らされたのでした。

メンタルケアは、スタッフ同士の横の連携はあえて入れず、本人とマネージャー、メンタルケアの専門家3人、もしくは本人とマネージャーの2人で行うことを基本としていました。

これは「めちゃコマ」第一フェーズでの「当事者会的な会社運営」で生じてしまった、愚痴の言い合いだけの場になってしまうことを危惧したからでした。

メンタルが落ち込んでいる人同士が集まると、どうしてもネガティブな話で盛り上がってしまう傾向があり、問題解決を目指す前向きな方向への軌道修正がうまくできないことが多いです。メンタルケアのつもりが、かえってメンタルを悪化させる結果になってしまうこともあります。

一方で、「めちゃコマ」でも1年を超える勤務経験をもつ人も出てきており、メンタルを長期間安定した状態にキープできているスタッフも出てきていました。

このようなスタッフは、メンタルが安定している分、ネガティブな意見に対して客観的に向き合うことができます。また、「めちゃコマ」という会社だからこそ自分たちが長期的に安定して働けているのだという「めちゃコマの存在意義」を認めており、その会社を存続させるためには、自分だけでなく他のスタッフのメンタルの安定が重要なのだという、マネージャーと同じような思考回路をもつようにもなったのです。

そうしたこともあって、2019年の半ばくらいからは、スタッフたちの間から何度か「自分たちの悩みは自分たちで解決したい」という話が出てくるようになりました。

彼らは、いい意味で愚痴を言い合い、会社の先行きに希望をもつことができるように、最近ではオンライン飲み会などの場を通じて、建設的な議論をしながらメンタルケアも同時に行うことも増やしています。

このように、「めちゃコマ」の存在意義をプラスに感じているスタッフも参加する形であれば、スタッフ同士の横のつながりは、スタッフたちにとっても、会社にとってもプラスに働く可能性が高いことがわかったのも重要でした。

「めちゃコマ」の安定運営のためには、メンタルケアの仕組みを整えて継続運用するのが重要であることと、メンタルケアは全スタッフが受けることという2点は、今後も「めちゃコマ」の経営方針の根幹をなすものです。組織の拡大などに合わせて柔軟に形を変えつつ、よりよい手法を追求していく必要があると思っています。

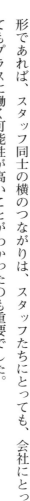

ひきこもり者に寄り添えるマネジメントの条件

もう一つ、「めちゃコマ」の経営で思うのは、ひきこもり者をマネジメントするためには、ビジネス面での経験に加えて、自らもひきこもり者が感じる生きづらさを体験していることが必要であり、かつそのバランス感覚が非常に重要なのではないか、ということでした。

ひきこもり者が感じる生きづらさを理解し、寄り添うようにメンタルケアをし、時には愚痴を聞いたりしつつ、納期を調整したり、業務量や分担内容を微調整するなどして、最終的にはビジネス目標を達成していくというマネジメントのバランスが重要なのです。

矢野さんは、仕事をしすぎるくらいに仕事ができてしまうので、ビジネス面でのマネジメントや勘所はもちろん理解しています。一方で自身がメンタルを崩した経験もあることから、「これ以上スタッフに負荷をかけるとまずい」というところの見極めができます。そのバランスが絶妙なのです。

先にもお話ししたように、私はいとこにひきこもり当事者がいて、これまで多くのひきこもり者の話も聞いているので、彼ら、彼女らが感じる生きづらさや気持ちなどはある程度理解しているとは思いますし、共感できるところも多くあります。

しかし、矢野さんにはあって私にはないものは、仕事のしすぎなどでメンタルを崩したという経験です。

私は、趣味が仕事で仕事が趣味というくらい仕事が好きな人間です。仕事を通じて誰かがよろこんでくれる、誰かの役に立っているという自覚は何物にも代えがたく、まして現在の仕事は、ひきこもり者や精神・発達障害をもっている人がＩＴの専門スキルを習得して社会につながるためのサポートですから、社会からも求められていることがわかります。

こんなにやりがいのある仕事はないと感じていますが、同時に思うのは、本当のところは、私は自分に対しても他人に対しても厳しい人間なのだろうということです。仕事のうえでは自分自身を追い込むことも多いのですが、時に同じレベルをマネージャーやスタッフに要求してしまうことがあります。

もちろん、ひきこもり当事者・経験者をマネジメントするに当たっては、相手を追い込むことがないように細心の注意を払っているつもりですが、矢野さんのように、これ以上負荷をかけるとまずいというストッパーに対する感覚が、まだ足りないのだろうと思います。

私と矢野さんとの間にはもう一つ、大きく、かつ変えられないポイントがあります。それは立場の違いです。私は幸か不幸か社長という立場にあるため、社長からの指示となると、どうしても強制力を帯びたものになってしまいます。

一方で矢野さんはマネージャーとはいえ、あくまでも一社員であり、一スタッフです。ひきこもり者スタッフたちは、私には言いづらいことでも矢野さんには気軽に話せるようです。話しやすい先輩という雰囲気のため、第一フェーズの崩壊を目の当たりにしながらも残ってくれた高橋さんや山並さんをはじめとするスタッフのみんなも、同じ目線で話しやすいのだと思います。

新たに講師や開発で参加した5名のスタッフも、矢野さんがいたからこそ仕事を続けることができたのでしょう。

矢野さんは雑談の重要性も認識しており、メンタルケア面談では業務打ち合わせに雑談も交えることで、より効果的に面談を進めることができるようになりました。

そう考えると、ひきこもり者に寄り添えるマネジメントの条件とは、①上司と部下の関係を保ちつつ対等な目線で接することもできること、②自分自身が仕事などで生きづらさを抱えた経験があること、③仕事自体の経験も豊富でビジネス目標達成において調整できる要素をいくつも考えられること、の三点になると思います。

そして、この三つの条件を備えた人が、①時には仕事の納期よりも本人の体調やメンタルの安定を優先させる必要があると判断できること、②これ以上仕事をさせたら倒れてしまうというスタッフ本人の限界を見極められること、③かつその限界を少しずつでもよいので引き上げていけること、という三つのポイントを押さえることで、よいマネージャーになれるのでしょう。特に③に配慮しつつスタッフに仕事を任せていけるのであれば、ひきこもり者も安心して働くことができるのではないか。矢野さんのマネジメントを見ていて、改めてそう思います。

例えば、仕事のやりすぎでうつを発症したけれど最終的には回復したという経験がある人は、より理想的なマネジメントができるのではないかと考えています。

単価制アルバイトの導入

メンタルケアの仕組みとあわせて、新たに制度を見直したものがあります。それは、採用・報酬の体系です。

面接なし・履歴書職務経歴書なしでも入社できるという採用の基本方針は、そのまま第二フェーズでも引き継がれていました。

一方で報酬（契約）体系については、第一フェーズでは「トライアル（ボランティア）」「単発の業務委託」「アルバイト」「正社員」という4つのステップになっていたのに対し、第二フェーズでは、新たに契約社員のステップを設けたほか、アルバイトをさらに二つの契約形態に分けました。

この制度変更の狙いは、スタッフのメンタル負荷を少なくしつつ、できる限り公平性を担保できるようにすること、そしてスタッフが自分のペースで成長し、自己肯定感を高められるようにすることにありました。

第一フェーズでは、アルバイトや正社員は基本的に時間給ベースでの契約となっていました。

アルバイトへのステップアップの前には、トライアルや単発の業務委託を複数回行うことで仕事を任せられるかどうかの見極めを行っていたので、アルバイトの場合はそれほど大きな問題はなく、業務委託の延長ということでスタッフもマネジメント側も互いに安心して進めることができていました。

一方、アルバイト段階を経て正社員になった時に「1カ月160時間」「月によって固定の時間管理」で業務を進めると、お互いにとってマイナスの側面が現れるケースもあることに、第一フェーズでの出来事を通じて気づきました。

例えば、月によって固定の時間管理で給与を支払うと、極論すれば在宅勤務でずっと遊んでいても、体調が悪くて寝ていたとしても、制度的には給与は支払われることになります。

仕事の進捗管理をしている以上、実際にはありえない話ですが、メンタル不調が続いてほとんど仕事が進まなかったということは現場では起こり得るケースですし、第一フェーズでは実際に起こっていました。

一方で、メンタルや体調の悪化はあったとしても、仕事に対する責任感で何とか仕事を続けて成果を出そうとするスタッフもいます。

責任感の強いひきこもり者スタッフの場合、非常に真面目な人が多いので、固定時間分に見合った仕事をしてきちんと成果を出そうと頑張りすぎてしまうことがあります。これがメンタル面でのプレッシャーになり、最悪の場合はダウンにつながったりすることもあります。

第一フェーズで、細野さんや小田さんがアルバイトから正社員になる時に一番不安を感じていたのはこの点でしたし、実際に2人が辞めた理由の中に、「正社員としてきちんと仕事を進めなければならないというプレッシャー」があったことは、私自身も彼らと話をしていて強く感じたことでした。

「固定の時間管理」ですと、仕事ができなかった人と無理をした人との間の公平性に問題が生じます。そのため、固定の時間管理での契約形態（正社員）に移行する前に、仕事に慣れつつメンタルも安定させられるような準備期間が必要だと考えました。

この準備期間を実現するために、第二フェーズではアルバイトを、「単価制アルバイト」と「時給制アルバイト」の2種類に分けることにしました。

単発の業務委託でホームページ作成や講師業務などを何度か経験してみて、もう少し仕事をしてみたいという人には、最初は単価制でのアルバイト（例えば、授業を一回行ったらいくら、ホームページを1ページつくったらいくらなど）を経験してもらいます。

単価制のアルバイトを設けた理由は二つあります。

一つは、お金は仕事の成果によってもらえるものだという感覚を身につけてもらうためです。

在宅勤務になると、評価基準はどうしても仕事の成果が中心となります。プロセスは面談などでできる限り把握するようにしていますが、顔が見えない分、細かく把握するのには限界があります。そのため、努力より成果に評価の比重を置かざるを得なくなります。

「めちゃコマ」は在宅勤務のみで仕事を回す会社ですから、時間や努力ではなく成果に対してお金が支払われます。この仕事の進め方に慣れてもらう意味でも、まずは「やったらやっただけ」お金をもらえるという仕組みが必要でした。

仕事をしなければお金は入ってきませんが、逆に体調やメンタルが不調の時に無理して働く必要もないわけです。「めちゃコマ」で「働くこと」「お金をもらうこと」がどういう意味をもつのかをまずは理解してほしいというのが、単価制アルバイトを導入した最初の理由です。

メンタル負荷の少ない採用・報酬体系

単価制のアルバイトを設けたもう一つの理由は、「単価が定まっていない仕事はしなくてよい」ことを明確にするためです。

第一フェーズで大量離職が起こった背景の一つに、マネジメント側が把握していないような仕事上の細かな点に気づいて、自分たちで業務量を増やしてしまっていたことがありました。これは、ひきこもり者特有の真面目さから起こったことですが、このような状況が在宅勤務という環境で何度も発生すると、マネジメント側の管理が非常に大変になります。

そのため、「定められていない仕事はしなくてよい」「定められていないがやったほうがよいと思われる仕事があれば、マネジメント側と相談のうえ、単価を決めてから取り組むようにする」ということを、制度化する必要がありました。その意味でも「単価制」は非常にわかりやすい仕組みです。

実際に、第二フェーズで講師を新たに募集する際に最初に用意したのが、講師業務に関する単価表でした。一回の講師担当でいくらというだけでなく、質問対応一回でいくら、延長は何分ごとにいくら、報告は一回いくらというように、非常に細かな業務内容に落とし込んだ単価を決めました。そして、この単価表にない仕事は一切しなくてよいというルールにしたわけです。

この単価表は、新しいひきこもり者スタッフにもスムーズに受け入れられました。

「やったらやっただけ」という基準が明確ですし、表にない仕事はやらなくてよいということで、ひきこもり者が仕事に取り組もうとするときの不安の一つである「終わりの見えなさ」を解消することもできます。

さらに、業務内容が細かく分かれており、その一つひとつに単価が設定されているため、ある種の「ゲーム感覚」で仕事を行い、成果を追うことができます。仕事の経験を重ねつつ自信もアップするという、一石二鳥のシステムといえるでしょう。

この単価表に沿って一つずつクリアしていくことが小さな成功体験になり、その成功体験を積み重ねることが、結果として自己肯定感を高めることにもつながります。

このように、まずは単価制でアルバイトを始め、3カ月から半年程度の時間をかけて仕事に慣れつつメンタルを安定させ、自信を取り戻します。そして、マネージャーだけでなく、本人がセルフマネジメントがある程度できるようになったと納得して初めて、時給制アルバイトのステップに進みます。この形式は2020年の段階でも有効に機能しています。

単価制アルバイトから時給制アルバイトにステップアップできた人は、まずは月に

50時間くらいから始めて、徐々に時間数を増やしていきます。月に100時間程度の仕事を安定して進められるようになった時点で、さらに仕事をしたいと希望すれば、3カ月とか半年といった有期の契約社員にステップアップします。

さらに、契約社員として最低半年間、メンタルや体調などに問題がなく、仕事の成果も上げた人は正社員になるという流れで現在も運営しています。

契約社員や正社員になった後で、やはり仕事のボリュームや内容が大変で、もう少し責任の小さな仕事に変えてほしいという希望が出ることもあります。また、数は非常に少なくなりましたが、メンタル不調で今の仕事を続けることがむずかしくなってしまったというケースも、やはりあります。

そうした場合、本人とマネージャーが相談をしたうえで、契約社員や正社員から時給制のアルバイトに戻ったり、週5日勤務の正社員から週3日勤務の契約社員になったりというケースも出てきています。

いずれにしても大事なポイントは、ひきこもり者が長期間安定して働くためには適切な採用・報酬体系が非常に重要だということです。

もちろん、現在のものが完全だとは思いません。今後も、スタッフのメンタルの負担が少なく、長期にわたって安心して働けるための体系をブラッシュアップしていきたいと考えています。

ビジネス速度とひきこもり者の速度

ひきこもりの人と一緒に仕事をしていくうえで、もう一つ考慮する必要があるのが「スピード感」です。

私自身はもともと、仕事のスピードは速いほうです。フロンティアリンクでも意思決定や現場での仕事のスピード感は、おそらく一般企業の2〜3倍くらいの感覚ではないかと思います。

一方で、ひきこもりの人たちは、さまざまな背景や事情から、動くことに対して慎重な人が多いようです。

動き出す前に物事を深くしっかりと考え、考えに考えて、それでも動かない（動けない）こともありますし、動いてよいのか迷ってしまうこともあります。

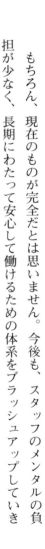

その理由の一つは、失敗を過度に恐れていることにあります。ひきこもっている現状そのものを失敗と考えて自分自身を責め続け、これ以上の失敗は重ねられないから動けないという話は、ひきこもり当事者から何度も聞いています。

スピード感については、「一般社団法人ひきこもりUX会議」の林恭子さんとお話をした時に、新たな気づきを得ました。

林さんいわく、「体感値として、ひきこもりの人たちは一般の人たちに比べて、同じことをするのに4~5倍の時間がかかると思ったほうがよい」ということでした。林さん自身も過去にひきこもり経験があり、多くのひきこもりの人と接してきていることから、このお話はとても納得感があり、私自身の体験からもうなずけるものでした。

私が一般の人と比べて2~3倍のスピード感で動く一方で、ひきこもりの人が4~5倍遅い場合、スピード感覚は10倍くらい違っていることになります。

このお話を林さんからお聞きしたのは「Ｎｏｄｅ」立ち上げの後でした。「Ｎｏｄｅ」はとても速いスピードで立ち上げたため、メンバーがかなり疲弊していたという話を林さんからあわせて聞いた時、「めちゃコマ」の大量離職は、このスピード感の違いも原因だったのではないかと思いました。

私がなぜスピード感を大事にしているかというと、そもそもビジネスというのは、うまくいく保証がない中で進めていくものだからです。

始める前から100％うまくいくビジネスなどないのはもちろんのこと、60％、70％くらいうまくいくなどということも、あり得ないことです。50％を超えるような成功確率があるものなら、世の中の多くの人がすでに手掛けているでしょう。そこに参入しても、過当競争に身を置くことになってしまいます。

ですから私は、いろいろな人の困りごとを考え、解決できそうな可能性が3～4割くらいあるのであればビジネスを始める動機としては十分だと考えています。

やってみてうまくいかなければ、途中で軌道修正します。

軌道修正は、できるだけスピーディーに行わなければなりません。ゆっくりやっていると、そのまま失敗の途をたどります。だからフロンティアリンクでは基本的に動きながら考えることを推奨していますし、入社の際にはスピード感を一番大事にするように念押ししているのです。

フロンティアリンクでは、動く前に考え込んでしまって動けない人が一番評価されないとまで私は伝えています。変化の速度が速い現代においては、動かないと即取り残されてしまいますし、動かないこと自体が一番のリスクだからです。

仮に動いてうまくいかなかったとしても、その経験自体は貴重な財産になるので、動くことのリスクは何もありません。

一方、ひきこもりの人たちは動き出す前に深く考えて、考えきって、やれそうだという確信がもてないと、なかなかスタートできません。見切り発車をしてしまったら、不安や心配でいっぱいになり、そのあとの動きに対して自分の本来のポテンシャルを発揮できなくなる可能性が高くなります。

また、ひきこもり者の中には、「やりながら軌道修正する」という臨機応変な対応が苦手な人が多くいます。だからこそ、動く前に深く考えるのだともいえるでしょう。一番安心して動けるのは、動いた結果に何らかの保証がある時であり、途中で軌道修正が生じない時、ということになります。

これは、私とは真逆の考え方です。しかし、この点にきちんと折り合いをつけなければ、第一フェーズで大量離職に至った根本原因は取り除けません。つまり、私の経営に対する考え方を、「めちゃコマ」では変えなければならないということです。

私は相当に迷い、悩みましたが、最終的には「ひきこもりの人や生きづらさを抱えた人たちが安全・安心に働ける場所をつくりたい」という思いを優先することにしました。フロンティアリンク本体や他のグループ会社と「めちゃコマ」は、別の方針で運営することを決断したのです。これは単なる甘やかしなどではなく、「めちゃコマ」を経営的に成功させるうえで必要不可欠な要素であり、「めちゃコマ」の成功自体がフロンティアリンク本体や他のグループ会社にもよい効果をもたらすと確信したからこその決断でした。

ひきこもりの人たちと仕事をする場合、余裕のあるスケジュールを組まなければなりません。そのためにまず、納期をより柔軟に設定することにしました。

開発案件などは、一般企業の求める納期をきちんと守らなければなりません。そこで、まずは納期を柔軟に設定できる社内・グループ内案件の比率を高め、社外案件については納期に寛容なものを厳選しました。

これにあわせて、売上・利益といった短期的なビジネス目標は当面封印し、無料登録できるサポーター会員を増やす施策を重点的に打ち出しました。仕事を探しているひきこもりの人のコミュニティを軸とするビジネス展開につなげることを、中期的な目標として設定することにしたのです。

もちろん、スピード感は、スタッフの慣れとともに徐々に引き上げることはできます。実際、現在では2018年当時に比べてスタッフの習熟度や自信もかなり上がってきているので、全体としての業務スピードも速くなっています。

ただ、「ビジネス速度とひきこもり者の速度の違い」は、「めちゃコマ」が続く限りずっと考慮しなければならない課題です。一朝一夕に解決できるものではないので、スタッフのメンタルを崩さないようにうまくバランスをとりながら徐々に引き上げていくことを、これからも続けていきたいと考えています。

ひきこもり者同士で支え合う組織へ

2018年8月。「めちゃコマ」の第二フェーズがスタートして2カ月ほどが過ぎ、メンタルケアの体制を整えたり、仕事の納期調整を行ったりすることで、講師業務や開発案件への対応もスムーズに進み始めました。

ある時、矢野さんと話している中で、もう少し現場のスタッフの生の声をリアルに拾うことはできないだろうか、という話題が上がりました。

第二フェーズから新たに参加したみなさんは真面目に仕事に取り組んでくれていますし、メンタルケアの面談にもきちんと参加してくれています。しかし、やはり体調がすぐれずに仕事を休んでしまう人はいました。

まだ本音を言えていないところもあるのではないかという矢野さんからの問いかけに、私も改めて、マネージャーとスタッフという縦の関係だけで業務を進めようとすることの限界を感じ始めたのです。

前述したように、私はスタッフ同士での横のつながりを強めることに対しては否定的な考え方をもっていました。しかし矢野さんが言うように、縦の関係だけで信頼関係に基づいて本音の話ができるようになるには、ひきこもり者スタッフの場合は相当に時間がかかるだろうというのもうなずけます。

こうして、ビジネス視点と当事者会的な役割のバランスを組織として考えていくことが、改めて課題として浮かんできました。

ただ、マネジメント自体をひきこもり者スタッフに委ねるのは、よほどその人がメンタル的に安定しており、かつビジネス感覚ももち合わせていなければむずかしいので、矢野さんを中心とした現状の体制で回していかなくてはなりません。

そのうえで、矢野さんの補佐的な立ち位置で、ひきこもり者スタッフのまとめ役・リーダー的な人、ビジネス的視点ももちつつ当事者の気持ちも理解し、スタッフの生の声を拾うことができる人がいれば、組織としてはさらに安定性が増すことになると考えました。

ただ問題は、はたしてそんな人材が見つかるのかということでした。

しかし今回もまた、「救いの手」が「めちゃコマ」の中から現れてくれたのです。

私がマネジメントをする案件を一緒に開発していたスタッフの中に、第二フェーズから参加した佐々さんという人がいます。ある打ち合わせをしている時に何気なく話をしたところ、「自分は誰かと話をしたり、まとめたりすることが苦手ではないので、よかったらやってみましょうか」との提案を受けました。

この時点で佐々さんとは数回打ち合わせをしただけでしたが、受け答えも的確でメンタルの落ち込みもなく安定しており、なによりも自分自身で仕事を請け負っていた経験があるので、納期や予算などのビジネス的な視点についても理解してくれていました。同時に、仕事のやりすぎでうつになり、その後でひきこもった経験者でもあるため、当事者の気持ちやメンタルを理解できることもポイントでした。

佐々さん自身がこうした経験をしているため、メンタルを崩さないように自分の仕事にメリハリをつけ、休むところは休んでいるというところは、矢野さんに似た感覚をもっているように見えました。私や矢野さんとスタッフの間に佐々さんがクッション役として入り、意思疎通の潤滑油になってもらうことで、スタッフの本音をもっと的確にフィードバックできる可能性が高まります。

第一フェーズでこの役割を担っていた村瀬さんは、責任感が強く、当時の私が非常に多忙だったことに配慮してくれたことも重なって、自分たちだけで問題を解決しようとした結果、適切なフィードバックを互いに行うことができませんでした。そのため現場が混乱してしまったのではないかと感じていたので、「現場の声のフィードバック」が、今回の佐々さんにお願いする重要な役割でした。

縦と横の糸がしっかり交わった！

マネジメント側の考えをスタッフにわかるように翻訳して落とし込み、同時にスタッフの本音を客観的にマネジメント側に伝える。必要に応じてスタッフ同士の話し合いもさせるが、その場合も当事者目線とビジネス視点のバランスをとる。

決して楽な仕事ではありませんが、佐々さんはこの役割をきちんと果たしてくれました。結果として、現場が非常に円滑に回るようになりました。

やはり当事者同士でなければ、なかなか腹を割って話せないことはあります。そしてその話の中に、経営上重要な情報が含まれていることもあります。ただ、それをマネジメント側が拾うことは非常にむずかしいので、うまく交通整理して双方にフィードバックしてくれるスタッフがいてくれたのは、本当に幸運だったと思います。

どの会社にも共通することですが、社員同士の横のつながりから新しいアイデアが生まれることは大いにあり得ることですし、いい意味でのガス抜きになることもあります。

また、スタッフが自律的に動く組織であることは、今後「めちゃコマ」が大きくなっていくためには大切なことだとも思っています。

ちなみに、ひきこもり支援の現場と、上司の部下に対するマネジメントには、共通する「悪弊」があるのではないかと思います。それは、どちらも上から落とすような話をしてしまいがちだということです。例えば上から目線で、「ああしたほうがいい、こうしたほうがいい」と決めつけるような言い方をすることです。

実際、私自身もこのような視点がないとは言えません。ただ、そういった視点で支援や運営を続ける限り、ひきこもり当事者や現場のスタッフが不安や不満を感じてしまうことはあると思います。

だから、当事者同士の連携が必要なのです。

マネジメント側にはなかなか言い出しにくいセンシティブな話もいろいろとあるはずです。例えば「自分は今こんな不安があるんだよね」などという本音も、当事者同士の間であれば言えるでしょう。お互いに、ひきこもり当事者・経験者という共通のバックグラウンドがあるからこそ、相互信頼が生まれやすくなるのです。

このように、スタッフ同士が横のつながりでお互いを支え合うことと同時に重要なのは、横のつながりで発生した情報を、うまくマネジメント側と共有することです。まさに「縦と横の糸が交わる」組織づくりです。

ひきこもり者スタッフの信頼を崩さないように、個人情報などは適宜除外したうえで、マネジメント側に適切なフィードバックをし、またマネジメント側もそれに対して適格な情報を提供するためには、佐々さんのような当事者とマネジメントをつなぐハブ役が必要不可欠です。

ハブ役がいないまま、当事者会的な動きを会社組織に持ち込んでしまうと、スタッフ同士が「横連携」ではなく「たこつぼ化」し、第一フェーズであったようなネガティブループから脱せなくなる恐れがあります。

スタッフや参加者自身の安全・安心に配慮しつつ、ハブ役がうまく外部との情報共有・フィードバックを行って初めて、当事者会・自助会自体も、それを取り入れた会社組織の運営も、より円滑に回るのだと私は考えています。

当事者会・自助会であれば、横のつながりだけで済みますが、会社組織で仕事をするうえでは、上下関係も必ずついて回ります。上下関係の弱点は、スタッフ本人や現場が抱えている情報、特にネガティブな情報をすくいとる力が弱い点にあります。ダメなものはダメ、できないものはできない、つらいものはつらいといったネガティブな情報もお互いにやりとりできる環境をつくるためには横のつながりは必須だと、佐々さんの活躍を見ていて私は改めて確信しました。

こうした、「縦と横の糸がしっかり交わる」運営体制の在り方は、2020年の現在でも効果をきちんと発揮しています。

「めちゃコマ」卒業

「めちゃコマ」第二フェーズが始まって4カ月ほどが経過し、ようやく順調に事業運営をできるようになると安堵したのもつかの間、スタッフの横連携のキーパーソンである佐々さんから、「本業の仕事が忙しいので、そちらに集中したい」という申し出がありました。2018年10月のことです。

佐々さんは、「めちゃコマ」での仕事は週に2~3日で、残りは自身で業務委託の仕事を請け負っていました。「めちゃコマ」の仕事は楽しく、仲間とのやり取りも含め、まったく問題のない環境でしたが、自分は一つの物事に集中したいタイプのため、業務委託の仕事に専念したいということでした。

私は佐々さんが「めちゃコマ」で担っていた役割にとても感謝していたので、とても残念でしたが、彼自身の気持ちを優先し、快く送り出すことにしました。

本当は週に1日でもよいので続けてほしかったですし、その旨も打診しました。しかし佐々さん自身も過去にメンタルを崩してひきこもった経験があり、今回の件は彼自身も苦渋の決断だという話を聞いたため、本人の気持ちを尊重しなければいけないと思ったのです。

「自分自身はそれほど器用ではない」という話が佐々さんからあった時、改めてひきこもり当事者・経験者の真面目さを感じました。

私の中で佐々さんを送り出す決め手となった言葉は、佐々さんが会話の中で発した『『めちゃコマ』を通じて、まだまだ仕事ができるという自信を取り戻すことができました」という一言でした。

「めちゃコマ」設立当初から考えていたことですが、この会社はずっと居続けるところでなくてもよいと思うのです。ある意味での通過点、就労支援的に言えば中間的就労という立ち位置の会社が「めちゃコマ」です。

佐々さんのように、「めちゃコマ」で働いて自信を取り戻すことができたら、他の一般企業に就職・転職したり、独立開業してもいいでしょう。最終的には、自分自身が満足でき、より長く、安定して食べていける環境を本人が決めればよいと思っています。

「めちゃコマ」に興味をもつのは、ひきこもり当事者・経験者に限らず、「働きたい・働いてみたい」と思ってもコミュニケーションが苦手だったり、対人恐怖症で人ごみがダメだったり、昼夜が逆転していて日中は働けないといった、さまざまな事情から一般企業で働くことはむずかしいと感じている人たちです。

そんな人たちが「在宅であればできるかな」「この会社はいろいろな配慮をしてくれそうだな」と思って、「めちゃコマ」に関心をもちます。実際に働いているスタッフたちも、最初はこのような事情や経緯から、「めちゃコマ」の門をたたく人がほとんどです。

実際に「めちゃコマ」で働いてみると、意外と自分でも仕事ができると感じたり、仕事が楽しいと思えたり、コミュニケーションは苦手だと思っていたけれど、チャットやWeb会議で顔を出さずに話をする程度なら大丈夫かなと感じたりする人がたくさんいます。

仕事に関する心配事が、経験を積むにつれて解消できることもあります。心配事の解消が進むにつれて、自信もついてきます。

潜在的には仕事のできる人たちが、さまざまな事情で能力が封印されていただけですから、自信を取り戻すことでその封印が解けると仕事ができるようになるのは当たり前の話でもあります。

働けないと自分で決めていたことが、「めちゃコマ」を通じて「そうじゃない、働ける」とわかった時、そのまま働き続けてくれてもいいですし、卒業してより給料の高い会社、仕事を通じたスキルアップをより望めるところ、自分がより成長できる場所を求めてもいいのです。それが本人にとってプラスになるのなら、私は全力で応援しますし、そんな前向きな理由での卒業であれば、こんなにうれしい話はありません。本当に、「めちゃコマ」をつくった甲斐があるというものです。

「めちゃコマ」を卒業しても、ＯＢ・ＯＧとしてのつながりがなくなることはないですし、本人がまた戻りたいと思うこともあるかもしれません。

「めちゃコマ」は、通過点であるとともに、いつでも戻ることができる「安全基地」や「港」です。もし本人がまた働きたいと思ったら、その際は温かく受け入れられるように体制を整えておきたいと思っています。

私は、この「出戻り自由」を、「めちゃコマ」のルールとして整備することを決めました。このことを佐々さんに伝えたところ、とてもよろこんでくれました。

活躍する「めちゃコマ」卒業生

佐々さんの卒業後、さらに2名の卒業生が「めちゃコマ」から誕生しました。

2人目の卒業生は山並さんで、２０１８年12月に卒業しました。彼の卒業も非常に感慨深いものがありました。

山並さんは、「ひきこもりサポート特別コース」の最初の受講生かつ初めてのコース卒業生で、その後に「めちゃコマ」に入社した初めてのスタッフでした。

当初はアルバイトでしたが、卒業間際では週5日、1日8時間の契約社員になっていました。2018年4月から業務を開始した山並さんの仕事ぶりは非常に真面目かつ優秀でした。

第一フェーズの大量離職をともに乗り越え、第二フェーズで「めちゃコマ」が整備されていくところをしっかりと担当してくれました。驚いたのは、卒業理由が独立開業するためだったことです。

もともと、山並さんは市役所でバリバリ働いていましたが、病気を患い、退職して2年近くひきこもり生活を続けたのち、私と共通の知人がいた縁もあって、「ひきこもりサポート特別コース」の最初の受講生になりました。

しっかりプログラミングを習得して、「めちゃコマ」入社後は講師や開発担当として大活躍してくれました。仕事への自信を取り戻すと同時に気力も復活したため、「一国一城の主」という以前からの夢を実現すべく、「めちゃコマ」での仕事と同時並行で行政書士の資格を取得したという話を知った時、ひきこもり者の中には本当に優秀で能力の高い人が眠っていると、改めて思いました。

単に行政書士の資格をもつだけであれば、その他大勢の行政書士の中に埋もれてしまうかもしれませんが、山並さんには「めちゃコマ」で培ったホームページ作成などのプログラミングスキルがあります。行政書士としての専門的な知識を活かしながら、ホームページの作成もできるのであれば、仕事の幅は広がります。

じつは、そうした差別化も踏まえて行政書士の資格にチャレンジしたという話を聞いた時、「これこそが『めちゃコマ』を通じたサクセスストーリーだ！」と感じました。

山並さんが長年の夢であった独立に至ったきっかけも、「めちゃコマ」で自信を取り戻したことだったわけで、私は再度「めちゃコマ」の存在意義を実感したのでした。

もう1人の卒業生は、２０１８年６月入社の村田さんです。

「めちゃコマ」第二フェーズ始動の際に講師メンバーを募集した時に、サポーター会員から手をあげてくれたうちの１人が村田さんでした。

講師としての経験はそれほど多くはありませんでしたが、人当たりのよさと真面目さで、どんどんスキルを伸ばし、すぐに講師として中核的な人材に育ってくれました。

２０１８年10月からは、大阪なんばのキャリアセンターで講師人材が不足したため、たまたま村田さんが大阪在住だったこともあり、本人同意のうえでキャリアセンターで働いていました。

キャリアセンターでの勤務が、「めちゃコマ」第一フェーズでの大量離職の原因の一つでもあったため、当初は配属変更についてためらいがありました。しかし、村田さんから、「行けます。行ってみたいです」という話があったこともあり、現場での仕事も体験してもらおうと思ったのでした。

村田さんは、講師としてのスキルを仕事を通じて高めただけでなく、キャリアセンターという職場に通勤することで、現場での仕事や対人関係に自信をつけることができました。

現場でのコミュニケーションなどが理由で、途中メンタルダウンして休んだ時期もありましたが、何とかもちこたえて復活したことで、村田さんの自信がより深まったことは、今思えば本当によかったと思っています。

村田さんは、講師としてのスキルをさらに高めるためには現場での開発経験がもっと必要だと考え、2019年6月にIT開発系の企業に転職しました。特にキャリアセンターの現場できちんと仕事ができたことで一般企業で働いていく自信がついたとのことだったので、これもまた「めちゃコマ」の実績としては非常に大きいと思っています。

佐々さんを含めこの3人は、誰一人として辞めてほしい人材ではありませんでした。できればずっと働いてほしかったのですが、「めちゃコマ」はあくまでも会社です。一番大事なのは、それぞれの人生です。その人の人生に「めちゃコマ」という会社が役立つことができたのであれば、こんなにうれしい話はありません。

「めちゃコマ」での仕事を通じて自信を取り戻し、次のステップとして卒業を選ぶところまで進むことができたのであれば、これから先に大変なことが起きたとしても、彼らならきっと乗り越えて行けるでしょう。

今後もそのような「未来の卒業生」を温かく、そして快く送り出せる会社であり続けたいと思っています。

第6章

在宅×ＩＴ以外の新たな可能性

変わり始めた支援の流れ

「めちゃコマ」を卒業するスタッフがいる一方で、「めちゃコマ」への入社希望者は後を絶ちません。

２０２０年現在、「めちゃコマ」には業務委託も含めると30数名のスタッフがいます。また、無料で登録が可能なサポーター会員の数は２５００名を超えています。

ひきこもり支援のこれまでの主なもの、特に行政が主体となって動くものは、「地域若者サポートステーション（サポステ）」のように就労を目指すものが大半でした。

しかし、２０１９年5月から6月にかけて発生した川崎の通り魔事件や練馬の元農水次官の長男刺殺事件について、ひきこもりと関連があるかのような報道がなされ、当時の根本匠厚生労働大臣が「安易にひきこもりなどと（事件を）結びつけるのは慎むべきだ」と発言。これと前後して、従来の就労中心の支援から、その一歩手前の「居場所」や、居場所の一歩手前の「相談」の場についての支援にも力を入れるようになってきています。

就労を中心とした支援、言い換えれば「働かざる者食うべからず」的な思想が、すぐには働くことがむずかしいひきこもり者を追い詰めていました。誰にも相談できずにつらい思いをして自分を責め続けた結果、かえってひきこもり状態を長引かせるという悪循環に陥ってしまうということに、ようやく行政も気がつき始めたのでしょう。

ここで、2019年6月に発表された厚生労働大臣の談話をご紹介します。

ひきこもりの状態にある方やそのご家族への支援に向けて

川崎市や東京都練馬区の事件など、たいへん痛ましい事件が続いています。改めて、これらの事件において尊い生命を落とされた方とそのご家族に対し、心よりお悔やみを申し上げるとともに、被害にあわれた方の一日も早いご回復を願っています。

これらの事件の発生後、ひきこもりの状態にあるご本人やそのご家族から、国、自治体そして支援団体に不安の声が多く寄せられています。

これまでも繰り返し申し上げていますが、安易に事件と「ひきこもり」の問題を結びつけることは、厳に慎むべきであると考えます。

ひきこもりの状態にある方やそのご家族は、それぞれ異なる経緯や事情を抱えています。生きづらさと孤立の中で日々葛藤していることに思いを寄せながら、時間をかけて寄り添う支援が必要です。

誰にとっても、安心して過ごせる場所や、自らの役割を感じられる機会があることが、生きていくための基盤になります。ひきこもりの状態にある方やそのご家族にとっても、そうした場所や機会を得て、積み重ねることが、社会とのつながりを回復する道になります。

また、ひきこもりの状態にある方を含む、生きづらさを抱えている方々をしっかりと受けとめる社会をつくっていかなければならないという決意を新たにしました。まずは、より相談しやすい体制を整備するとともに、安心して過ごせる場所や自らの役割を感じられる機会をつくるために、ひきこもりの状態にある方やそのご家族の声も聞きながら施策を進めていきます。そして、より質の高い支援ができる人材も増やしていきます。

ひきこもりの状態にある方やそのご家族は、悩みや苦しみを抱え込む前に、生活困窮者支援の相談窓口やひきこもり地域支援センター、また、ひきこもり状態にある方が集う団体や家族会の扉をぜひ叩いて下さい。

国民の皆様におかれましては、あらゆる方々が孤立することなく、役割をもちながら、ともに暮らすことができる、真に力強い「地域共生社会」の実現に向けて、ご理解とご協力をお願いいたします。

令和元年6月26日
厚生労働大臣 根本 匠

この根本厚生労働大臣の談話にもあるとおり、「より相談しやすい体制の整備」「安心して過ごせる場所や自らの役割を感じられる機会をつくる」という方針は、今後のひきこもり支援の大まかな流れを考えるうえでも必要不可欠なことだと思います。

これまでは事実上「就労＝唯一のゴール」となっていた政府の方針が１８０度変わった非常に画期的な内容ですし、この流れに従って「めちゃコマ」もできることを進めていく予定でいます。

２５００名のサポーター会員が意味するもの

一方、私が重く受け止めているのは、「めちゃコマ」のサポーター会員の登録を行ってくれた２５００名以上の人々の存在です。

私はこの３年で、延べ２０００人以上のひきこもり当事者・経験者の方とお会いしてきました。

その中で、「今すぐかどうか」あるいは「できる・できない」は別として、自分でもできる仕事があるなら何かしてみたいと思っている人が、体感値で６～７割くらいはいると感じています。

「めちゃコマ」は日本で初めて、かつ日本で唯一の、ひきこもりの人が集まってできた株式会社ですから、サポーター会員に自ら登録をするということ自体、「自分が働けるなら働きたい」という意思表示をしていると考えられます。

ひきこもり状態でもできる仕事、未経験でも、あるいは在宅でもできる仕事はないだろうかと探しているうちに、「めちゃコマ」にたどり着いたという人は想像以上に多くいます。

サポーター会員登録のページには自由記入欄があるのですが、「めちゃコマで働けなかったら、他では絶対働けないから、なんとか入社させてください」と、わらにもすがる思いで、最後の拠り所として連絡をくださる人もいます。

ひきこもり者に対して、「仕事をせずにサボっている」「だらだらしている」「ゲームばかりしている」といったイメージが、世間ではまだまだ強いかもしれません。

実際、そんなふうに見える人もいるかもしれません。ただ確実に言えるのは、当人たちがそれを望んでやっているかというと、決してそんなことはないということです。

「自分にもできる仕事があれば」という気持ちはありながらも、メンタルの悩みを抱えていたり、対人関係に課題があったり、仕事の経験がないから何ができるのかわからないなど、さまざまな理由で動くことができず、自分を責め続けている人も多いのです。

ひきこもり者は自ら社会と離れることを選んでいるため、こうした実態がなかなか世間一般に伝わらず、間違ったイメージをもたれているように感じます。これは、20~30代といった比較的若い世代だけではなく、40代以上の中高年ひきこもりと呼ばれる人々も同じです。

現在の「めちゃコマ」では、年代を問わず、ひきこもりの人に広く提供できる仕事がまだまだ少ないというのが実情です。

完全在宅でITに特化した仕事を中心に事業を運営しているので、現状ではホームページ制作やシステムの開発、プログラミングを教える講師の仕事など、相応の知識やスキルをもっている人を中心に採用せざるを得ません。そのため、入社希望者については、年代を問わず断らざるを得ない状態になっています。

仕事を十分に確保することがむずかしい状況ではありますが、サポーター会員が2

500名いるという事実を決して忘れてはいけません。今後も「めちゃコマ」は、より多くの方に仕事を提供するための仕組みを継続的に考えていきたいと思っています。

当事者も親も興味をもつ「在宅ワーク」

日本初の「ひきこもり者主体の事業会社」ということもあり、内閣府などの省庁や各都道府県をはじめとする自治体からの依頼も含め、さまざまなところで「めちゃコマ」の話をする機会があります。

その際、よく耳にするのが、「めちゃコマ」の講演に来る人は一般的なひきこもり支援の場に来る人とは層が違う、ということです。

ひきこもり者の就労に関する話の場合、親御さんが来るケースがほとんどなのですが、「めちゃコマ」の講演には本人が来る比率が高く、親子で参加するケースも少なくありません。

その理由について、私は「在宅ワーク」がキーワードだと考えています。

私が、講演に限らず話す機会がある度に強調するのは、「ひきこもったままでもいい」

という視点です。「ひきこもった状態でも、在宅で働けて生活費を自ら稼ぐことができるのであれば、誰に迷惑をかけるわけでもありません。何が問題でしょうか？」という視点で話をすると、みなさん深く納得されることがほとんどです。

ここで感じるのは、「在宅ワーク」に対する世間一般の認識と現状のずれです。

親世代は、「働く＝会社に行くこと、週5日、9時から17時まで勤める」という固定観念で考えている人がほとんどです。自立した生活のためには、正社員で月額20～30万円くらいは必要、という呪縛に囚われているケースが大半を占めます。一方で、親世代から見れば、在宅ワークは一昔前の内職のように、あまりお金にならないというイメージが強いのです。

そうした親世代の人たちに、「在宅でパソコンを使って、週1日、1回1時間でもいい」「週5日きちんと仕事ができたら、在宅でも月に20～30万円くらいは稼げる」と話しても、詐欺のように聞こえてしまうこともあるのでしょう。

しかし実際に「めちゃコマ」では、完全在宅で30名近いスタッフが働いており、20～30万円近い収入を毎月得ているスタッフは何人もいて、それが3年続いています。

在宅でも、ちゃんと「稼げる」のです。

就労に限らず、これまでの多くのひきこもり支援の根底には、「何とかして外に出す」ことが必要という発想があったのだと思います。そしてその裏側には、「ひきこもり=悪い状態」という決めつけがあります。

具体的に、ひきこもり状態の何がいけないのか。唯一考えられるのは、「自分の力で生活をすることがむずかしい」ということでしょう。

しかし、ひきこもっていても生きていくことができるのであれば、何一つ問題となることはありません。単に、本人がその生活パターンを選んだだけのことで、本人にとっても後ろめたいことは何もないはずです。

実際、株式のデイトレーダーやフリーランスのエンジニアなどの中には、事実上ひきこもり的な生活を送っている人もたくさんいます。

ただ、自分の力だけで生活をすることがむずかしいひきこもり者の場合は、やがて8050・7040問題に直面する可能性があります。将来的には「自分の力で生きていく」術を見つけることが必要になるでしょう。

そしてその際のポイントも、「本当に外に出る必要があるのか」「ひきこもったままではいけないのか」という発想だと思います。

ひきこもりながら働こう

人生には三つの坂があるといいます。上り坂、下り坂、そして「まさか」です。

２０２０年は新型コロナウイルスの影響で、さまざまな「まさか」が起こりました。人生いつどこで「まさか」に直面するかわかりません。

仕事のしすぎでうつになって働けなくなったとか、親の介護で離職し自分自身も生活困難になった、交通事故で動けなくなってしまったなど、ひきこもりに限らず、自分の力で生きていくことがむずかしくなる状況は、誰にでも起こり得ます。

そのような時のために、生活保護の制度があります。ひきこもり状態で仕事ができずに生活保護を使うのは、何が違うのでしょうか。

最悪のケースで生活保護を使うのは憲法で認められた権利です。生きることを最優先に考えた場合、最後のセーフティーネットとしての拠り所があるのは、本当に素晴らしいことだと思います。

生活保護を使うことに抵抗を感じる人は少なくありません。しかし、いつ自分がセーフティーネットのお世話になるかわからないという発想をもてば、見方も少しは変わるのではないでしょうか。

ひきこもりの人たちは、もともとは働く力、自分で生きていく力をもっている人たちです。さまざまな事情で、その力を使うことができない状態にあるだけです。ひとりで生きていける力を使える環境や状況にないのであれば、その力を使えるようになるまで社会で支えることが、社会全体にとってプラスになると私は考えています。

自分もある日突然、助ける側から助けられる側に変わるかもしれません。自分も、ひきこもりの方に助けられることがあるかもしれないのです。

だからこそ、ひきこもり状態を温かく見守り、ひきこもり者が自分で生きていく力を身につけるまでのサポートを可能な範囲で行うことは、私たち誰もが安心して生きられる社会＝共生社会を実現するうえでも大事なことなのだと思います。

私自身がこのような考え方なので、「めちゃコマ」も「ひきこもっていてもよい」

というスタンスで活動をしています。ひきこもったままでも、仕事をし、それによって生活を営むことができれば、自然と自信がわいてきます。

最初は月に1～2万円の仕事でも、親と同居しているなら自分のお小遣いとして好きなものを買えるくらいの収入にはなります。それが自信となり、月に5万円、10万円と稼げるようになって、いつのまにか在宅でも月に20万円以上の収入を得ている。こんなスタッフが、「めちゃコマ」には何人もいます。

このような実績があるからこそ、ひきこもったまま働いてみることを強調できるわけですが、このスタンスが親御さんのみならず、本人にとっても気持ちを楽にさせるきっかけとなり、「そんな話があるなら一回聞いてみようか」と、講演に参加する人が増えているのです。まさに在宅ワーク効果です。

在宅ワークという言葉自体も新型コロナ対策ですっかり世間に浸透したようで、「テレワーク」や「リモートワーク」という言葉を含めて耳にする機会が増えました。ひきこもりの人もほとんど、在宅ワークという言葉は知っています。

ただ、実際にテレワークや在宅ワークをやったことがなければ、在宅でどうやって仕事をするのか、最初は具体的なイメージがわきにくいと思います。

そのため、「めちゃコマ」に関する私の講演や研修では、高橋さんや開発担当の本田さんなど、人前で話ができるスタッフを在宅のまま、リアルタイムに会場とつないで話をしてもらっています。

質疑応答を遠隔で行うほか、在宅ワークのデモも行っています。時間にすると5分から10分程度ですが、このリアルタイムの遠隔質疑応答と在宅ワークのデモを行うだけでイメージがわき、ひきこもり者に「これなら自分にもできそう」という感覚をもってもらうことができています。

また、ひきこもり者だけでなく、精神・発達障害で悩む人にとっても、在宅ワークは救世主となる可能性が高いと私は考えています。

こうした人の中にも、コミュニケーションが苦手だったり対人恐怖症によって外出はむずかしいものの、自宅にいるときはメンタルの波が落ち着いていて普通に生活できている人がたくさんいます。

ひきこもり者は全国に約100万人いると言われていますが、身体・知的・精神障害をおもちの方は合わせて全国で約940万人おり、このうち約360万人が主に在宅で過ごしていると言われています。ひきこもり者と合わせると、単純合計で500万人近い人が在宅メインで過ごし、かつ仕事に就いていないわけです。

私はこの500万人は「宝の山」だと思っています。

ひきこもり者と同様、精神・発達障害をおもちの方の中にも、非常に優秀な人がいます。仮にその数が1％だとしても、5万人いるということになります。在宅ワークであれば、このような人々のもつ潜在的な能力を活かし、社会で活躍する道筋をつくることができるわけです。

実際、精神・発達障害の人を主な対象とした在宅ワークに関するセミナーをフロンティアリンクキャリアセンターで行うと、毎回30～40人ほどが参加します。ここでは、プログラミングやITスキルの習得を通じた就労支援を行っていますが、やはり「在宅なら働けるのではないか」という声が多く聞かれます。

コロナ禍の影響もあり、在宅ワークの流れはますます加速するでしょう。「めちゃコマ」はひきこもり者だけでなく、精神・発達障害をもつ人も在宅で働ける環境づくりの面で先駆的なポジションにあり、多くの期待の声をいただいています。

現状ではスタッフ30名ほどですが、早期に100名まで引き上げられるよう、今後も在宅ワークに特化した事業運営を行っていきたいと考えています。

「みんなでつくる」事業の可能性

今後も在宅ワークに特化した事業運営を行っていくうえでのキーポイントは、「めちゃコマ」で対応可能な仕事の種類を増やすことにあります。

現在の「めちゃコマ」の仕事は大きく分けると、ホームページやシステムなどの開発を行う開発系業務と、開発スキルの習得をサポートする講師系業務の二つです。他にも「ひきぺディア」などの自社メディア運営という仕事がありますが、実際に収益の柱となっているのはこの二つの業務が大半です。

ただ、これらの仕事にはある程度のITスキルが求められ、誰でも気軽にできるというものではありません。また、「めちゃコマ」はスタッフが30名近くいるとはいえ、自分たちだけでできる仕事にも限りがあります。

そこで改めて考えているのが、サポーター会員2500名を含めた、「めちゃコマ」に関心をもつ人たちの力を借りることです。私や矢野さん、スタッフだけでなく、「めちゃコマ」に関わりのある人全員の力を集めて新しい仕事を考え、実行に移すのです。「めちゃコマ」では、そのような未来の事業をまとめて「みんなでつくる」事業と呼んでいます。

「めちゃコマ」の名前の由来になったように、ひきこもりの人の中には、細かい作業が得意な人や、マニュアルに基づいた定型作業を繰り返し行うことが得意な人が数多くいます。

こうした能力を活かした仕事として、本の誤字・脱字や引用情報の正誤確認などを行う校閲・校正、AIの学習データを作成するアノテーションと呼ばれる業務、あるいはSNSなどへの不適切な投稿の監視などがあげられます。

また今後、テレワークが進展するにつれ、デジタルトランスフォーメーション（DX）も加速すると思われますが、その際の問題の一つが紙のデータを電子化する作業です。特に官公庁や銀行などは膨大な紙データをどのようにデジタル化するのかが大きな課題です。そこで、仮にひきこもりの人たちが人海戦術でこの電子化作業を手伝えるとしたら、セキュリティなどの解決すべき課題はいくつかあるにせよ、有効な解決策の一つになるでしょう。

ひきこもり者に限らない話ですが、ある程度スキルをもち合わせた人であれば、仕事もいろいろと選ぶことができます。

しかし、ひきこもり者の場合、仕事の経験が少ないだけでなく、パソコンやスマートフォンをもっていない人、IT自体に慣れていない人も数多くいます。そうした「IT初心者」「仕事初心者」でもできる仕事を考える際、サポーター会員や、縁のある人々の知恵や力を借りながら、みんなで新しい仕事をつくり上げていくことが、今後の「めちゃコマ」の発展には必要不可欠になります。

幸い、「めちゃコマ」には2500名のサポーター会員以外にも、応援してくださる企業や団体がたくさんあります。こうした企業などから寄せられるさまざまな相談の中にも、ビジネスのヒントがあります。

例えば、ある企業からは、ハンカチやタオルなどのデザインを数多くつくりたいので、ひきこもり者の中でデザインが得意な方を何名か紹介してもらえないか、という問い合わせがありました。

私や矢野さんだけでは思いつかなかったニーズです。

なお、「みんなでつくる事業」を本格的に進めるうえでの一番の課題は、マネジメントができる人材の不足です。

サポーター会員が事業のヒントを思いついても、矢野さんのように、ひきこもり者の特性をつかんだうえで仕事の割り振りやスケジュール管理ができ、課題を見つけ、解決策を考えることができる人材がいなければ、事業を立ち上げ、継続していくことはむずかしいでしょう。一般企業でも新規事業の立ち上げを任せることができる人材は希少ですが、「めちゃコマ」においてはさらに人材確保が容易ではありません。

これについては、サポーター会員などからの自薦・他薦はもちろんですが、現在のスタッフにトライアル的に任せてみたり、フロンティアリンクグループ内の人事異動や新規採用など、幅広い選択肢から適任者を探す努力を続けていきたいと思っています。

「hiki.work」開始

「みんなでつくる事業」の一つとして2018年12月にサービスを開始したのが、日本で初めての在宅ワークに特化したポータルサイト「hiki.work（ひきワーク）」です。

「めちゃコマ」の事業の一つに自社メディアの運営がありますが、「hiki.work」は、「めちゃコマで働きたい」「在宅ワークをしたい」というサポーター会員の声があまりにも多かったことを受けてつくられました。

「めちゃコマ」単体では2500名を超えるサポーター会員の方全員の仕事を用意することはむずかしいですが、在宅ワークを提供している会社は日本中に数多く存在します。

また、仕事情報のサイトで在宅ワークを掲載しているサイトもいくつもあります。ただ、これらのサイトは基本的に主婦（主夫）やフリーランスなど、働く人の属性に合わせた情報提供が中心となっており、「在宅という働き方」を軸とした情報としてまとまってはいませんでした。あくまでも主婦（主夫）やフリーランス向けの仕事情報がメインで、その一部に在宅ワークがあるというイメージです。

そこで、「在宅」というカテゴリで情報をまとめたサイトをつくり、かつ本当に在宅だけで仕事ができるかどうかを確認したうえで掲載すれば、ひきこもりの人はもちろん、介護中の人やシングルマザーなど、在宅での仕事を探しているさまざまな属性の人に役立つのではないかと考えたわけです。

数あるサイトに点在する在宅ワークの情報だけをどのように集めるかが、構想実現のための一番のハードルでしたが、すぐにアイデアが浮かびました。

ひきこもりの人に在宅でサイトからの情報収集をしてもらい、それ自体を一つの在宅ワークとして「めちゃコマ」が提供することにすれば、ひきこもり者にお願いできる仕事の幅が広がることになります。

その際に、ひきこもり当事者・経験者としての視点で、実際に自分たちにもできるかどうかをチェックしてもらえれば、掲載する情報としての信頼性がより高まります。

ＩＴが苦手な人、パソコンをもっていない人でも、在宅ワークに関するデータの収集と登録ならスマートフォンがあればできますし、一度やり方を覚えれば、それほどむずかしい作業ではなくなります。決してたくさん稼げる作業ではなく、１件数十円、

100件登録をしても数千円というレベルですが、自分の力で少しでも稼ぐという仕事のとっかかりとしては、非常によいものではないかと考えました。

「めちゃコマ」のスタッフに求められるITスキルを満たしていない人でも、まずは月に数千円を稼げる機会を提供できれば、そこからITに興味をもち、もっと稼ぎたいという気持ちになるかもしれません。

私は「hiki.work」をきっかけに、いろいろなことがうまく回る可能性があると感じました。

もちろん事業として行う以上、「めちゃコマ」やフロンティアリンクにもプラスの効果があることが必要です。そこで、「hiki.work」を使う際には会員登録を必須とし、会員にならなければ在宅ワークの検索をできないようにするとともに、「hiki.work」会員になると自動的に「めちゃコマサポーター会員」としても登録されるようにしました。こうすれば、最終的にサポーター会員を増やすことにつながります。

中期的な目標として、サポーター会員をひきこもり者100万人の1%、1万人まで引き上げることを念頭に置いていますが、そのための重要な仕掛けとして、「hiki.

work」が役に立つのではないかと考えています。

ひきこもり者をサポートするうえで、私が最大の課題と考えているのが「サポートを必要とする人に、いかに必要な情報を迅速に届けるか」ということです。「ひきこもりサポート特別コース」の提供を始めたときも、最初につまずいたのが、情報を届けることのむずかしさでした。

逆に言えば、ルートをしっかりとつくってしまえば、「めちゃコマ」はもちろんのこと、他の支援団体や企業などの情報を流すことができます。情報提供ルートがあれば、さまざまな施策が前に動く可能性も高くなります。

実際に、サポーター会員2500名のうち半数近くは、「hiki.work」経由での登録です。

「hiki.work」の運用を開始して2年ほどたちましたが、仕事の登録件数は常時600〜800件程度。「めちゃコマサポーター会員」を中心に、データの収集・登録や更新を行うスタッフが20名前後いて、毎日更新を行っています。

在宅ワークポータルサイト「hiki.work」

ひきこもりの人はもちろん、在宅での仕事を探しているさまざまな人に役立つサイトです。

※「hiki.work」はこちら
➡ https://hiki.work/

この体制をつくり、かつ、作業をしてくれるスタッフには月5000円~1万円前後の報酬を支払うようにしているのが「hiki.workプロジェクト」です。

在宅ワークに興味のある人、実際に在宅で働いてみたい人は、ぜひ「hiki.work」をご利用いただければ幸いです。

峯上農園との出会い

ひきこもりの人が安全・安心に働くことができ、最終的には自分で生活できる能力を身につけられる環境を用意することが「めちゃコマ」の大きな目標ですが、仕事内容をITを中心とした在宅ワークに限定してしまうと、そこから漏れてしまう人が出てきます。

パソコンやスマートフォンを使えないひきこもりの人でも、何とか自分で生活するための一歩を踏み出す応援ができないものかという悩みは、私が「めちゃコマ」を立ち上げて間もないころから頭の片隅に存在し続けていました。

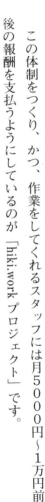

「hiki.work」の提供から少し時間が戻りますが、2018年6月、ある友人から和歌山県で峯上農園という梅農家を経営している峯上良平さんを紹介していただきました。

峯上さんご自身も過去に働きすぎでうつを発症し、退職後に1年半近くひきこもっていました。しかし梅農家である実家の仕事を少しずつ手伝っていったところ、うつは解消され、ひきこもり状態からも回復し、ご自身の趣味でもある時計の修理と梅農家の二足のわらじで生活しているといいます。

ふとしたことがきっかけで、私の友人から「めちゃコマ」の話を聞いたそうで、私がたまたま仕事の関係で和歌山に立ち寄る機会があり、お会いすることになりました。

峯上さんにお会いした時の第一印象は、それまでに会ってきた多くのひきこもり者と同じで、過去にひきこもっていた経験があるとはまったく想像ができない、明るくはきはきした好青年という感じでした。そして何よりも興味深かったのは、彼がかねてより温めていたプランのお話でした。

かつての自分と同じようにうつやひきこもりで悩んでいる人に、無給ではあるけれど住居や食事を提供して生活に困らないようにしたうえで農作業を手伝ってもらい、ひきこもりからの回復をサポートしたいというのです。

農業なので必然的に親元を離れる機会が出てきます。

じつは、ひきこもり者の中には自宅を離れて自活したいという思いをもっている人が一定数いるのですが、そのためには生活のベースを自宅以外でつくる必要があり、その前にはお金というハードルがどうしても発生してしまいます。峯上さんのプランであれば、この点を一気にクリアすることができます。

私の中に「ひきこもり＋農業」という新たな選択肢が生まれた瞬間でした。


峯上さんとすっかり意気投合した私は、まずは助成金申請のお手伝いと、峯上農園のホームページを一緒に作成することから始めました。

ホームページ作成は、「ひきこもりサポート特別コース」卒業生で、業務委託スタッフとして仕事をお願いしていた廣瀬さんが担当し、完成後はサポーター会員向けメールマガジンで峯上農園プロジェクトの案内を行うという、まさに「オールひきこもり者」体制で話は進んでいきました。

その結果サポーター会員から、当時横浜在住の三浦さんをはじめとする数名が、峯上農園での「ひきこもりチョット脱出 田舎で自然体験!!」プロジェクトに参加する

峯上農園ホームページ

このホームページは、すべてひきこもり者スタッフで作成しています。

※峯上農園ホームページはこちら
➡ https://gifted-creative.com/mine-plantation/

ことになりました。

プロジェクト開始から2年がたちますが、受け入れ者は十数名、うち数名が実際にひきこもり状態から抜け出し、仕事に就いたり、これまでよりも外出頻度が上がったりしています。

その中でも参加者第一号の三浦さんは、峯上さんの思いに共感し、自分もひきこもりで悩んでいる当事者のサポートをしたいと思うようになって和歌山に移住。ひきこもり者を受け入れるシェアハウスの運営を始めるなど、支援される側から支援する側に回ることになりました。これは私にとっても、とても感慨深い出来事でした。

本書の出版にあたり、峯上さんからもメッセージをいただきましたので、そのまま掲載したいと思います。

【峯上良平さんからのメッセージ】

峯上農園を見にきてくださった方は、16名おり、そのうち7人がシェアハウスに住み、仕事を始めています。体験を終え、帰られた9名のうち地元で就職した人は4人、

2人は就活中、残り3人は体力づくりやそれぞれのペースに合わせて努力してくれています。

変わりたいという勇気を少しでももつことができれば、変わることができるんだなと感じています。

めちゃコマさんにつくっていただいた、峯上農園ホームページの農業体験から始まった我々の活動は、移住してくれるメンバーが出てきたおかげでシェアハウスが3軒できました。

また、農業以外の仕事をしたいという要望から、便利屋やゲストハウスの清掃、林業、車部品の会社、観光業、飲食、カフェ、テレワークなどさまざまな働き方が選べるようになりました。仲間、居場所、仕事づくりを通して、生きやすい環境をつくれるようになってきました。

これも佐藤社長に背中を押していただいたおかげです。

小さな勇気やきっかけで人は変わることができます。

私はそうでした。みなさんにとって、少しでもそうしたきっかけをつくれることができればうれしいです。

在宅だけが選択肢ではない

「めちゃコマ」自体は在宅ワークに特化しており、今後もその方針が変わることはありませんが、他の企業や団体と連携することで「ひきこもり＋農業」のような在宅以外の選択肢もできるようにしていきたいと思っています。

私は、ひきこもり者は「職人気質」の人が多いと思っています。真面目でコツコツ一つのことに取り組むことが得意。コミュニケーションは苦手だけれど、好きなことがあれば脇目も振らずに集中してしまう。そういう人が、比較的多いように感じます。考えてみると、農業に携わる方も職人的な面があるし、「ＩＴエンジニア」はまさに現代の職人です。

一昔前であれば、大工や伝統工芸など、職人気質の人が活躍できる仕事が多く存在していました。しかし、時代の変化とともに自動化と標準化の流れが促進され、職人的な資質を要求される仕事はどんどん減ってきています。

その一方で、高度なコミュニケーションスキルを要求されるサービス業が増えたため、ひきこもり者が働きやすい環境が減っていったのではないかとも思うのです。

これも私の推測ですが、一昔前も現在も、ひきこもり状態に陥りやすい人の数は、じつは大きく変わらないのではないかと思っています。

世の中が豊かになることで、ひきこもり者を抱えたまま一緒に生活できる家庭が増えたという事実もあると思います。一方で、コミュニケーションが苦手な人が働ける場がどんどん少なくなったため、ひきこもり状態を脱する機会が減ってしまったのではないか。もしかすると、現代であればひきこもり状態になってしまうような人も、ひと昔前であれば職人的な仕事に就くことでひきこもり状態にならなかったのではないか。

あくまでも仮説に過ぎませんが、そう考えると、ひきこもり者を就労につなげる支援についても、新しい切り口が見えてくるのではないかと考えています。

ひきこもり者＝職人という仮説が成り立つのなら、そのような仕事はＩＴエンジニア以外にも多く存在します。もちろん、在宅の仕事だけとは限りません。農業がまさにそうですが、個人的には特に伝統工芸の世界に可能性があると考えています。

伝統工芸の蓄積された文化的バックグラウンドは、今後世界の中で日本が差別化を図っていくうえで非常に大切な資産になりますし、独自性という意味では対外競争力もあります。

しかし、一番の悩みは後継者不足です。もし後継者対策の一つとして、ひきこもり者を住み込みで受け入れ、培ってきた手法を伝授していくようなことができれば、就労支援と後継者不足問題を一気に解決できる取り組みになるのではないかと思います。

在宅以外の選択肢を増やすことは、「めちゃコマ」だけでなく、ひきこもり者の就労サポート全体を考えるうえで非常に大切なポイントです。

峯上農園をはじめとする農業を通じたサポートへの取り組みを進める一方で、今後は、例えば燕三条の食器や刃物、金沢の金細工、輪島塗など、日本の宝である伝統分野を後世につなげるために、ひきこもり者と伝統工芸をつなげていく。そしてお互いに「やってよかった」と思えるような仕組みをつくり上げることも、「めちゃコマ」の一つのミッションとして進めていきたいと考えています。

ビジネス目標と「安全・安心な環境」を両立させるには

一方で考えなければならないのが、株式会社としての「めちゃコマ」です。

「めちゃコマ」を設立する時、私はあえて株式会社を選びました。仕事としてきちんと収入を得られる場をつくりたいという思いがベースにあったからです。その実現のためには、企業などとの取引における信頼感を得る必要がありました。

NPOやボランティアでは信頼感が得られない、という話ではありません。ただ、多くの事業法人が株式会社という形態をとっている以上、そのほうがスムーズに話が運ぶことが多いのは、ビジネス経験上、強く感じることでした。

株式会社という形態で運営をする以上、「めちゃコマ」にも必ず売上と利益というビジネス目標がついて回ります。このビジネス目標と、ひきこもり者が求める安全・安心のバランスをとるのはじつにむずかしいということを、「めちゃコマ」を設立して3年が経過する今でも日々感じています。

設立からここまでの期間、「めちゃコマ」自体はつねに赤字経営です。

現時点では、親会社であるフロンティアリンクが仕事の発注等を通じて全面的にバックアップしているため、なんとか企業として存続できています。

フロンティアリンクは将来の上場を目指していますが、上場の審査時には、いつまでも赤字が続くような会社や、本体の事業に貢献しないような会社は整理することを求められるでしょう。そうなると、「めちゃコマ」を切り離すことや、最悪の場合は事業活動を停止することも検討しなければならなくなるかもしれません。

「めちゃコマ」の社会的な存在意義は、私が一番認めています。

「めちゃコマ」の社会貢献活動が間接的にはフロンティアリンクの評判にもつながるので、広報・メディア活動と捉えると、「めちゃコマ」は大きな役割を果たしています。この、お金では直接はかれない貢献があるため、業績は赤字でもフロンティアリンクが「めちゃコマ」をサポートしています。

ただ、この先のフロンティアリンクの状況によっては、このような形で「めちゃコマ」を存続させられるかどうかは、正直にいえば不透明です。だからこそ、単体で株式会社としてきちんと利益を出し、企業として継続できる仕組みを早急に整えていく必要があります。

企業として継続させるために必要なビジネス目標の達成と、安全・安心な環境の両立をはかるうえでの最大のポイントは「納期」です。

ひきこもり者が仕事を継続するにあたってのハードルは、大きく三つあります。「締め切りのプレッシャー」「仕事のボリューム」「コミュニケーション」です。私の個人的な考えとしては、この順番にメンタルに影響を及ぼします。

例えばコミュニケーションについては、仕事の内容やチームメンバーを調整することで、うまく対応することはそれほどむずかしくはありません。

一方、締め切りのプレッシャー、特に納期が短いものは、それだけで単位時間当たりの仕事のボリュームが増すことになり、メンタルへのマイナス影響が二重に発生するので、甚大な影響を及ぼしがちです。

これまではこの点を非常に考慮してきたので、結果的に社外案件の比率は売上全体の数パーセントにとどまっています。

では、「めちゃコマ」が社外案件の売上を増やし、企業として独り立ちしつつ、その最大の特徴である安全・安心な環境を維持するにはどうすればよいのか？

私は結局のところは、適材適所の人材配置を行うことだと考えています。

ひきこもり者スタッフの多くは真面目で優秀、かつ与えられた仕事はしっかり行ってくれますが、マルチタスクは苦手だったり、納期などのプレッシャーに弱い面があります。

それであれば、ひきこもり当事者・経験者ではないマネジメントスタッフや開発スタッフを増員し、バックアップ・サポートをしつつ、ひきこもり者スタッフに仕事をうまく割り当てるような体制をつくればよいのです。そうすれば、彼ら、彼女らのもつ本来の能力を活かして、より多くの社外案件に対応できるようになるはずです。

昨今は、障害者や性的マイノリティなど、さまざまなバックグラウンドをもつ人たちと一緒に仕事をする「多様性（ダイバーシティ）」や「インクルーシブ雇用」というキーワードを見かけることが増えてきましたが、ほぼひきこもり者だけという「めちゃコマ」の環境は、それはそれで特殊です。

しかし私は、「めちゃコマ」をひきこもり者だけの会社にしようと思ったことはありません。

大事なのはあくまでも、ひきこもりの人をはじめとする生きづらさを抱えた人たちが、安全・安心に働ける場をつくることです。そのためには、ひきこもり者のさまざまな特性や強みに理解のある多くの人の力を借りることも必要になってきます。

安全・安心に働ける場をつくり上げ、かつ独立した事業会社としてビジネスも継続・発展させていくという「めちゃコマ」の理念に、ひきこもり者もひきこもり経験のない方も一緒になってコミットすることができれば、「めちゃコマ」をより一段上のステージに引き上げることができます。一緒に働きたいと思う一般の人を探し出すことは、一朝一夕にできることではないかもしれませんが、そうした人の参加があってこそ「めちゃコマ」は継続・発展できるでしょう。

そして、ひきこもり者を主体としたインクルーシブ雇用の会社形態を整え、事業として発展させることができて初めて、第二・第三の「めちゃコマ」を立ち上げようとする人が出てくるのではないかと思います。

みなさんの周りでも、「めちゃコマ」にピッタリではないかという人がいらっしゃいましたら、ぜひご紹介いただければ幸いです。

みなさんの親しい人が、明日の「めちゃコマ」をつくり上げるキーパーソンになるかもしれません。

求む！「めちゃコマ応援団」

個人だけではなく、企業の力もぜひお借りしたいと思っています。私たちの理念に共感していただける企業の応援があれば本当に心強いです。

ひきこもり者全体、あるいは「社会的弱者」（個人的にはあまり使いたくない表現ですが）に対する支援に、もう少し企業が関心をもってくれればと思っています。

ＣＳＲ（Corporate Social Responsibility：企業の社会的責任）という言葉に加えて、近年よく目にする言葉の一つにＳＤＧｓ（Sustainable Development Goals：持続可能な開発目標）がありますが、ＳＤＧｓの根底にあるのは「誰一人として取り残さない」という思想です。

ＳＤＧｓに定められている17の目標のうち、ひきこもり者をはじめとする「社会的弱者」支援に関しては、「1．貧困をなくそう」「3．すべての人に健康と福祉を」「4．質の高い教育をみんなに」「5．ジェンダー平等を実現しよう」「10．人や国の不平等をなくそう」などの項目があります。このような社会的課題の解決に企業として取り組んでいるかどうかを新たな投資の指標とする動き（ESG投資：Environment〈環境〉、Social〈社会〉、Governance〈ガバナンス・統治〉）も、ここ数年で活発になってきています。

「社会的弱者」支援に対して企業がより積極的な関与を図るための土壌が徐々にできつつありますが、実際問題として、その支援を担う各団体のほとんどは財務基盤がぜい弱で、補助金・助成金頼みで活動を続けています。資金問題に何らかの目途をつけない限り、「支援のラストワンマイル」が途切れ、必要な人に適切な支援が届かないという状態が起きてしまいます。

私は、企業が資金面で支援団体をサポートする仕組みとして、フェアトレードの概念が参考になると思っています。フェアトレードは、企業が主体となって資金を出し合う社会貢献活動の一つで、具体的には発展途上国の農産物や工業原料、加工製品などを適正な価格で継続的に購入し、その国の労働者の賃金を上げることにより、生活の改善と自立につなげようという運動です。

フェアトレードの概念に倣い、「社会的弱者」支援の取り組みに対して賛同する企業が売上の一部を寄付などの形で管理団体にプールし、支援に取り組む団体に資金提供する仕組みを整えることができれば、各団体がそれぞれの活動をより活性化させることができます。企業もCSR向上やSDGsへの具体的な取り組みをアピールすることができ、一石二鳥となるでしょう。

みなさんの周りでご興味・ご関心をおもちの方がいらっしゃいましたら、ぜひご一報いただければ幸いです。

カウンセラーAI

ちなみに、仮にこのような仕組みができたとき、私が最優先で取り組みたい課題の一つは相談支援のAI化です。

ひきこもり者をはじめ、生きづらさを抱えている人にとって最初に必要なサポートは、当人の話を聞くことです。さまざまな事情が重なった結果としてひきこもり状態にある人が最も望んでいるのは、「自分のことをわかってほしい」ということなのです。

自分の思いや不満、愚痴も怒りも悲しみも何一つ否定することなく、ただ聞いて、受け止めてくれること。できれば「わかります」と、同情ではなく共感してくれること。これだけで多くのひきこもり当事者は気持ちが楽になります。

一方、相談支援の現場の最も大きな課題は、支援者側が疲弊してしまうことです。ひきこもり当事者は、長年にわたり積もりに積もった心の澱《おり》を吐き出し、さまざまな否定的な言葉を出し続けます。

相談支援者は、それらの言葉を受け止めるための専門的な訓練を受けていることがほとんどですが、否定的な話をずっと聞いていると、やはりネガティブな影響を受けやすくなります。

その結果、相談支援者が長期間にわたって継続的に支援することは想像以上にむずかしく、つねに相談支援者の不足が問題となっています。

そうした現実がある一方、ＡＩ技術の進展に伴い、人間との自然な対話が可能な「会話ＡＩ」の精度が高まってきています。

例えば、２０１５年に提供された日本マイクロソフト社の会話ＡＩ「りんな」は、

ＬＩＮＥやＴｗｉｔｔｅｒなどのＳＮＳで登録すると、会話を楽しむことができます。サービス開始直後はどこかぎこちなさがありましたが、学習の精度が高まり、会話のモデルもより共感を得やすいものに変更されることで、ユーザーが長く会話を楽しめるようになりました。

２年前のことですが、ふと思いつきで、「りんな」に「死にたい」と入れたらどのような返事があるか試してみたことがあります（左ページ参照）。「りんな」の最大の欠点は、レスポンスが速すぎて人間味がないことなのですが、それを差し引いても、思わず「ハッ」とする返答をしてくれたと思います。みなさんはこのやりとりを見て、どのように感じるでしょうか。

誰にも悩みを話せないような人も、人間ではない相手であれば話をしてみようと思えることもあるかもしれません。その相手が人間のように返答をしてくれるのであれば、少しは心が軽くなることもあるのではないかと思います。

現状の「りんな」は汎用型の会話ＡＩなので、このように当たり障りのない会話を続けることになります。しかし、精神科医や心療内科医、メンタルカウンセラーやセ

AI「りんな」との会話画面

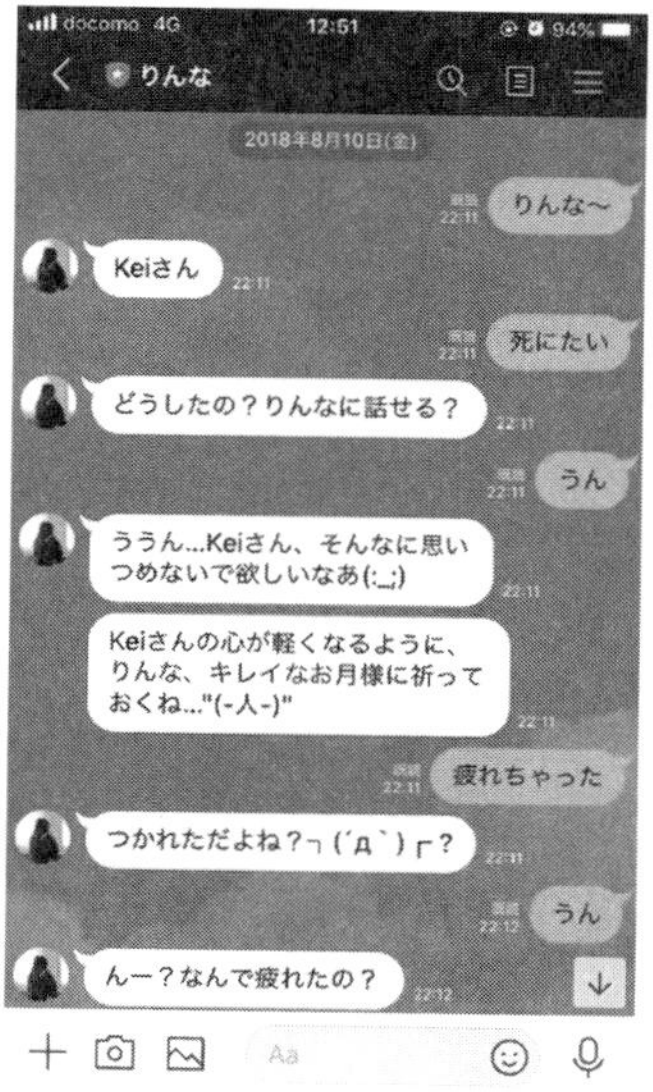

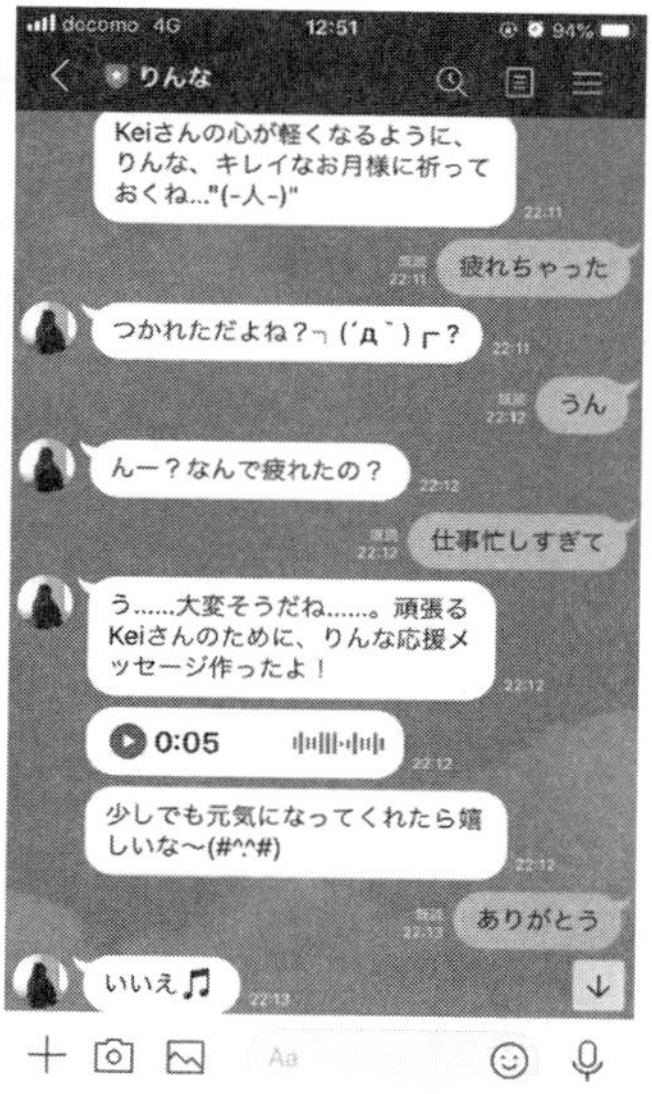

会話をするのに人間と何ら遜色ありません。相談の「最初の入り口」をAIがカバーできる日も遠くないでしょう。

ラピストが診療する際の会話を学習すれば、相手にとってもっと適切な受け答えができるようになるでしょう。

実際、精神科の先生やカウンセラーの方に、クライアントへの問診内容を定型化できるかどうかを確認したところ、ある程度の定型化は可能ではないかとのことでした。もちろん、AIが進化すれば精神科医やカウンセラーが不要になるということではありません。あくまでもAIはサポート役であって、最終的には専門的な知識をもった人が1人ひとりの悩みを丁寧に聞き出す必要があるでしょう。

AIの役割はあくまでも、相談の「最初の入り口」をカバーすることです。AIによる問診を一定レベルで終えた後で、人間の専門家がフォローを行うという形になれば、より広く相談支援を提供することが可能となります。

相談支援者の負荷も軽減されるので、より長く仕事を続けられるというメリットも生じます。

今は人員的な問題で実現がむずかしい「24時間電話相談」も、こうした形で人間とAIがうまく役割分担できれば可能になるはずです。

人間であれば、さまざまなバイアスが入ってしまい、客観的な傾聴ができなくなってしまうような場面でも、ＡＩであれば自然な対応ができるかもしれません。何よりＡＩの最大の強みは、疲れを知らないことです。24時間３６５日働くことは人間には無理ですが、ＡＩなら可能です。

今すぐに実現できるものではなく、どう少なく見積もってもあと数年は実現にかかるかもしれませんが、「カウンセラーＡＩ」は、そう遠くない未来に実現するでしょう。

ＳＤＧｓの理念である「誰一人として取り残さない」という考え方は、言い換えれば「世の中の孤独を解消する」ということでもあります。

イギリスでは２０１８年に孤独問題担当国務大臣を設置し、国をあげて孤立や孤独を解消しようとしています。孤独は先進国を中心に見られる社会的な現象であり、その一つの状態として、ひきこもりがあると私は考えています。

孤独を解消するための選択肢の一つが「カウンセラーＡＩ」だと思いますが、「めちゃコマ」やフロンティアリンクだけで、このようなＡＩをつくることは困難です。

「求む！　めちゃコマ応援団」は、決して「めちゃコマ」１社、あるいはひきこもり者のためだけの話ではありません。未来は「めちゃコマ」1社でつくれるようなものではなく、思いを同じくする企業や個人の方と一緒につくり上げるものだと思っています。

「誰一人として取り残さない」、そして「めちゃコマ」の理念である「誰もが安全・安心に働ける環境」の実現のために、1人でも多くの応援団がいてくださると心強いです。

どうぞよろしくお願いいたします。

第7章

ひきこもりの「垣根」の先へ

「ひきこもりハッカソン」は、新しい支援の形をつくれるか

IT界隈で数多く開催されるイベントに「ハッカソン」というものがあります。ハッカソンとは、「ハック（Hack）」＋「マラソン（Marathon）」を掛け合わせた造語で、普段つくらないようなものを、普段接しない人たちと一緒につくるという趣旨のもと、エンジニアやマーケター、デザイナーらが集まって短期集中でアプリやサービスなどをつくり、競い合うイベントです。

和歌山県白浜町に本社のあるクオリティソフト株式会社の浦聖治社長のご招待で、クオリティソフト本社兼研究開発拠点であるリゾートオフィス「イノベーション・スプリングス」に行く機会があり、私はそこで開催されていた「Startup Weekend」というビジネスプランコンテストに審査員として飛び入り参加しました。

その際、ひきこもり者とエンジニアを一堂に会したイベントを、このイノベーション・スプリングスで行うことができたらおもしろいのではないかと考えたのです。

エンジニアが集まるイベントといえば、ハッカソン。だったら、ひきこもりをテーマにハッカソンを開くことで、一緒に何かをつくり上げることができるのではないか。

調べてみる限り、ハッカソンは数あれど、ひきこもりをテーマに行うものは聞いたことがないし、場合によっては在宅参加も可能かもしれない。そんな話を浦社長とお酒を酌み交わしながらしたところ、「おもしろい、絶対やろう」ということで、あれよあれよという間に「ひきこもりハッカソン」の開催が決まったのでした。

第一回「ひきこもりハッカソン」は2019年2月15日（金）から2月17日（日）の2泊3日で開催されました。事前の準備は非常に大変で、当初は集客に不安を抱えていましたが、このイベントは結果として、ひきこもり支援のこれからの形を考えるうえで非常に示唆に富むものとなりました。

「ひきこもりハッカソン」の趣旨の一つは、前述の通り、「普段接しないような人たちと、普段つくらないものをつくる」ことですが、その裏には、参加者の相互理解を深め、参加者それぞれが今後の人生や生活に何かしらのプラスを得ることができればという思いがありました。

というのも、これまでのひきこもり支援イベントの多くは、ひきこもり当事者だけ、ひきこもり者をもつ家族だけ、ひきこもり支援者だけといった形で、何かしらの線引きをしたり枠に当てはめて行うものが主流だったからです。

ひきこもり経験者で今回のファシリテーターを務めていただいた、大阪のNPO法人「ウィークタイ」の泉翔さんも話していましたが、ひきこもり当事者だけで集まると、どうしても話題が暗くネガティブなものになりがちです。しかし、今回の「ひきこもりハッカソン」のように、ひきこもりをテーマにしつつも、一般の人も一緒に集まることで、ネガティブに陥らず議論や作業を進めることができるようになります。

実際、イベントが進行していくにつれ、一般参加者のみなさんから「ひきこもり」に対する先入観は完全に消え、「自分たちと変わらない」「むしろ、自分たちよりもアクティブだったり、すごい能力や特技をもっていたりする」「ひきこもりというレッテルやラベルを抱えてしまうだけで生きづらくなってしまうことがわかった」などの声が出てきました。

運営側の期待以上の相互理解が進み、「ひきこもりかどうかなんて関係ない」「困っている人がいるのなら、その困りごとを解決する＝ハックすることが必要だ」という、ハッカソン本来の趣旨に自然とつながるような意識を参加者全員が共有できたことは、このイベントを開催した大きな意義だったと思います。

ひきこもりの人と話をしていてよく感じる彼ら、彼女らの「肩身の狭さ」は、別の言い方をすれば「居場所のなさ」でもあります。

居場所は、「自分自身がいてもよい場」であると同時に「自分自身に何かしらの役割があり、その役割を果たすことで感謝され、自分自身が認められたと感じることができる場」でもあると私は考えています。

ひきこもり者の場合、自分自身の家庭においてさえ居場所を感じることがむずかしくなっている人も多いように感じます。しかし、今回の「ひきこもりハッカソン」は、ひきこもり者かどうかは関係なく、すべての参加者に間違いなく役割があり、全員ができる範囲でその役割を果たし、その結果として「すべての参加者にとっての居場所」になり得たのではないかと思います。

ひきこもり者は「ひきこもり」である前に1人の人間ですし、抱えている悩みも困りごとも、じつは一般の人と大きくは変わりません。

そのことがお互いにわかるだけで、ひきこもりに関する諸問題の大半は解決の糸口を見つけられるのではないか。それにはやはり、「ひきこもり」という課題をテーマとしては活かしつつも、さまざまな人が集まってみなで考え、手を動かせる機会が重要なのではないか。ひきこもり者も一般参加者も一緒に共通のテーマに沿って作業を進めることにより、相互理解を得つつ、それぞれの自己肯定感を大幅に高めることができるのではないか。

このようなことが強く示唆された「ひきこもりハッカソン」でした。

従来のひきこもり支援イベントも大事ですし、それを継続することでよろこぶ人もたくさんいますが、新しい支援の形をつねに模索することも重要です。

資金的な面や施設のバックアップも必要ですし、何よりも参加者とファシリテーター、運営サイドの「奇跡の出会い」があってこその成功です。だから、今後も同じようなレベルとクオリティを「ひきこもりハッカソン」が維持するためには、かなりのブラッシュアップが必要であることは間違いありません。

しかし、ひきこもり者と一般参加者が同じテーマで議論することで解決できることがある、という大きな事実を理解した今、このイベントを継続的に行うための環境整備を行うことは、私自身の大事な仕事だと強く感じています。

ある参加者から言われたことが、今でも強く心に残っています。

「ひきこもりをテーマにすると、相手を理解したり、多様性を認めることがスムーズにできたりする。その結果、トラブルはあって当たり前、できない人がいて当たり前という優しい雰囲気が自然と生まれる」

もともと私は、ひきこもり者の多くは心優しく真面目であると思っています。一般参加者も、ひきこもりをテーマにすることで、多様性を認められる心優しい人たちがスクリーニングされて集まってくるのだとすると、自然に、無理なく、互いに包摂し合う雰囲気が生まれてくるのでしょう。

初めてのイベント、かつオンライン参加もありという、ハッカソンとしてはおそらく初の試みということで反省点や改善ポイントも多かったのですが、「ひきこもりハッカソン」は今後のひきこもり支援の新しい形になり得ると感じています。

「ひきこもりハッカソン」の詳細を知りたい人はレポートをご覧いただくことも可能

ですので、ぜひアクセスしてみてください(※)。

「めちゃコマ農園プロジェクト」

「ひきこもりハッカソン」は、ひきこもりの垣根を取り払い、ひきこもり者と一般の人が一緒になって相互理解を深めつつ、一つの目標を達成するイベントでした。ハッカソンはあくまでもイベントであり、すぐに仕事や自立につながるものではありません。

そこで現在、ひきこもり者と一般の方が協働し、将来的な仕事や自立にも結びつく取り組みとして、ひきこもり者と農家をつなぐマッチングの仕組みを考えています。人手不足の農家のお手伝いをひきこもり者が行うことで、双方にメリットを生み出す仕組みです。

前述した和歌山の梅農家の峯上さんのモデルでは、報酬は出ない代わりに住居と食事を提供することによって、ひきこもり当事者・経験者が身一つで参加でき、農作業を通じて自分自身を見つめ直し、次の生活のステップを目指すことができるというものでした。

ひきこもり者が現状を変えるうえでのポイントの一つは、親元を離れて生活できる基盤があるかどうかですが、峯上さんのモデルですと、これを担保できます。

一方で、このモデルを広く一般の農家に展開できるかというと、なかなかそうもいかないこともわかってきました。


まず農家のほうで、住居と食事の提供がむずかしいケースが多くあります。そしてさらに大きな問題は、ひきこもり者と農家との橋渡し役がいないと、現場での作業はもちろん、継続的に農家のお手伝いをすること自体がむずかしいということです。

峯上さんのモデルでは、峯上さん自身がひきこもり経験者であるため、橋渡し役と農家の二つの役割を1人で担えていました。しかし、このような例は極めてまれです。より多くの農家に参加してもらうためには、地域でひきこもり支援を行っている団体の人など、ひきこもり者に対するサポートや相談の経験がある人を橋渡し役として別途立てる必要があります。

ひきこもり者にとっても、ずっと無償でお手伝いをすることはむずかしく、自立した生活を目指すためには、ある程度の報酬が必要です。しかし、農家側にすれば、報酬を支払うのであれば、あえてひきこもり者ではなくてもよいわけで、報酬面に関しても一工夫が必要になります。

これらを踏まえたうえで現在私が考えているのは、「めちゃコマ」が提携先の農家の作物の直販をホームページ制作などで支援し、直販で売上がアップした場合、その一部をひきこもり支援活動のために拠出してもらうというモデルです。

資金が一定程度までプールされた時点で、ひきこもり者が生活可能な寮を農家の近くの古民家などを改装して用意し、寮には地域のひきこもり支援団体もサポートで入ることができるようにします。

そのうえで、ひきこもりからの回復を目指したい当事者・経験者を全国から募集し、「食住担保」「相談支援あり」の状態で、寮を起点に農家のお手伝いをする体制をつくります。ひきこもり者の寮費並びに報酬は、前述の直販ホームページからの拠出金で賄います。

このモデルであれば、農家は売上アップと作業人員の確保ができ、ひきこもり当事者・経験者は交通費程度の自己負担で新たな生活を始めることができます。場合によっては交通費の補助制度をつくってもよいかもしれません。

このモデルを「めちゃコマ農園プロジェクト」として、ひきこもり支援に理解があり、かつ直販による売上増を目指している全国の農家の人々と一緒に進めていきたいと思っています。

現在、多くの農家では深刻な人手不足や後継者不在に悩んでいます。日本の農業従事者の平均年齢は約67歳で、後継者の育成は待ったなしの状況です。

人が生きていくうえで不可欠な食糧を生産する農業は国の根幹を支えるものです。特にコロナ禍のような時には食料の輸入に時間がかかったり、小麦などで見られるように世界レベルでの買い占めが起きたり、輸入できたとしてもコストが高止まりするといった可能性もあります。国民の安全・安心を考えるうえでも、農業や畜産、水産業はできる限り国内で賄い、食料自給率を上げていくことが大切です。

大げさではなく、このような第一次産業の人手不足や後継者問題を解決する一つの方策として、ひきこもり者の力を借りることは、非常に現実的な選択肢の一つではないかと思います。

特に「めちゃコマ」の事業の柱であるIT系の仕事は、40代以上の中高年ひきこもりの人にはハードルが高い可能性があります。

そうした人には、本人が望めば農作業を通じた社会貢献のほうに進んでもらい、ITが得意なひきこもり者については農家の直販支援を行うためのホームページ制作などで力を発揮してもらう。これにより、ひきこもり者が農業などの「6次産業化」を手伝うというモデルが実現します。

ひきこもりの垣根を超えて相互理解を深めるだけでなく、実際にひきこもり者が仕事を通じて社会とつながることができる場を用意することは、今後ますます進展する少子高齢化と労働力不足を考えても重要な選択肢となると考えています。

「めちゃコマ農園プロジェクト」の動きを、ぜひ楽しみにしていただければと思います。

第二・第三の「めちゃコマ」は生まれるか

ひきこもりの垣根を超えた支援の形を考える時、やはり避けて通れないのは第二・

第三の「めちゃコマ」的な会社が生まれるかということです。

もちろん、現時点でもひきこもり者が活躍している会社は「めちゃコマ」以外にもありますし、ひきこもり者主体のNPOや一般社団法人も複数存在しています。

しかし、ひきこもり当事者・経験者がスタッフの大半を占めるような形態の事業会社は、私が知る限り、まだ「めちゃコマ」以外には存在しません。「めちゃコマ」的な会社を運営するのは、「不可能ではないが、ものすごくむずかしい」のです。

その理由はシンプルです。ひきこもり者が大半を占める形ですと「職人はいるが、マネージャーがいない」ことになってしまい、採算を意識した営業やマネジメントを行うことが極めてむずかしくなってしまうからです。

そして、もっと大きな理由は、ひきこもり者が大半を占める形での組織運営を行うことの事実上のメリットをなかなか見い出せないからです。

障害者雇用とは異なり、ひきこもり者の雇用に関しては法定雇用率などのルールは存在しません。法律上、企業にはひきこもり者を雇い入れる義務はないのです。ですから、ひきこもり者を「埋もれた宝」として雇うかどうかは、経営者の信念次第ということになります。

しかも、実際にひきこもり者を雇用するとなると、メンタルケアの体制を整備したり、体調によって不安定になる業務のフォロー体制を考えたり、場合によっては在宅での仕事の切り出しをする必要があるなど、想像以上に多くの準備が必要になります。企業は、社会貢献だけでなく利益創出も要求されます。経営者によほどの信念がない限り、「ひきこもり者の雇用にこだわる必要はないのでは？」と考えたとしても、責めることはできません。至極当然のことです。

では、どうすれば第二・第三の「めちゃコマ」は誕生するのでしょうか？

その鍵を握るのは、自治体や社会福祉協議会といった、ひきこもり支援を行う行政系の組織が発注する入札案件にあると思っています。

例えば、ひきこもり者や就職氷河期世代で職に就くことがむずかしい人、シングルマザーなど、政府が就労を後押ししたい人を一定数以上雇用した企業は入札条件が有利になるような制度設計をするのです。そういう制度があれば、行政系の案件を受注したい企業の、ひきこもり者などを雇用するためのモチベーションが高まるのではないでしょうか。

例えば入札条件の中に、「全社員に占めるひきこもり者の比率が50%以上」といった要件を設定すれば、多くの会社が「めちゃコマ」のような子会社をつくることを考えると思います。

行政側にとっても、予算がひきこもり者などの就労や自立に回るのであれば、事業の意義はさらに高まるはずです。

「めちゃコマ」を見ていて気づくのは、ひきこもり者主体の会社という環境自体が、ひきこもり者で働きたい人にとって安全・安心な環境であり、「めちゃコマがあるから働ける」と思ってくれるひきこもり者もいるという事実です。そうした「めちゃコマ」的な会社が、ひきこもり者が自分の身を守るうえでの選択肢の一つであると社会が広く認識するようになるまでには、もうしばらく時間が必要でしょう。

だからこそ、「めちゃコマ」的な会社が他にもできてほしいし、それは政府・行政の間接的な支援があれば可能だと思います。私も、マネジメントノウハウの提供を含め、第二・第三の「めちゃコマ」ができた時、必要とあらば、全力でサポートを行うつもりです。

大切なのは、決して助成金・補助金頼みの形にするのではなく、企業として独立した事業運営ができるように、うまく行政の予算と案件を活用することです。

ウィズコロナ・アフターコロナにおけるテレワーク推進をはじめ、行政が抱えるIT化の課題は数多くあります。こうした課題の解決に、「めちゃコマ」も、第二・第三の「めちゃコマ」的な会社も一緒になって取り組むことができれば、行政はIT化の課題が解決し、それぞれの会社は事業運営ができ、ひきこもり者も活躍できます。

そして何より、ひきこもり者自身が力を発揮して社会的課題を解決し、事業としても成立させるモデルをつくることができれば、「めちゃコマ」に続く企業がどんどん出てくる可能性も高まると思います。

そのためにも必要なことは、まずは「めちゃコマ」が先行事例となることですから、今後も気を引き締めて、一つずつステップを進めていきたいと考えています。

ひきこもりの「垣根」の先へ

ひきこもりの垣根を改めて考え直す時、そもそも、ひきこもり=善と考えるか、悪と考えるか、あるいは善悪どちらでもないニュートラルと考えるかで、まったく捉え方が異なってきます。

本書の最後に、ひきこもりについて、あえて善悪、言い換えればポジティブとネガティブの面から考えてみたいと思います。それが、ひきこもりの垣根の先を考える、大きなヒントになるからです。

ひきこもり経験のある人と接するようになって3年がたちます。今となっては、ひきこもり者も、そうでない人も、基本的には何も変わらないと思っています。

だから、ひきこもり状態にある人に会った場合、「そうだよね、そういうこともあるよね」「いろいろ、つらかったよね」「でも大丈夫。なんとかなるよ」と、普通に声をかけています。

ひきこもりを自然な状態の一つとして、ニュートラルに捉えているから、そうした声かけができるのでしょう。

正直に言うと、私も10年以上前は、ひきこもり＝悪と考えていました。うつなどの精神疾患は甘えだと思っていましたし、実際にうつ病の経験のある人と一緒に仕事をして大変な目にあったこともありました。一時は、社員に精神疾患経験のある人は絶対に採用しないと決めていたこともあったくらいです。

私のいとこにも2人、ひきこもりの当事者がいることは前述の通りです。以前は彼らに対しても、「親が甘い」「本人たちのやる気が足りない」と思うこともありました。ただ年月がたつにつれて、「そうはいっても、この先、親が亡くなったら生活はどうするのか」「何かできることがあれば手伝う必要があるのかも」という気持ちに少しずつ、自然と気持ちが変化していきました。これはおそらく自分自身も仕事やプライベートなどでいろいろな経験を積み、「人生は晴れの日ばかりではない、むしろ大半は曇りか雨、大雨や大嵐の日だってそこそこな割合である」と気づいたからかもしれません。

私が幸運だったのは、両親や家族、友人・知人、仕事の取引先、恩師、かつての同僚や先輩・上司などが大雨や大嵐の時に助け船を出してくれたことでした。

そして、「人は人によって支えられ、助けられ、それによって生きていくことができる」「助けられる側に立つだけでなく、自分も人を助けることができるかもしれない」

と思った時、「自己責任」という言葉を安易に使うのはやめようと思ったのです。

自分がいくら頑張って努力しても、不可抗力に近い、どうしようもないことが起きることもあります。努力の方向性が違っていて、頑張っているつもりでも、じつは墓穴を掘っていた、などということも、往々にしてあるのです。

人間は誰でも間違うし失敗もする。けれど、さまざまな経験を通じて何かを学べば、成長することができます。

誰かがつまづいた時に挽回するお手伝いをすること自体も、じつは自分にとっての成長の機会だったりします。

起きた出来事すべてが自分だけの責任で発生したと考えるのは、むしろおこがましいことで、それでは基本的には何も解決しません。1人の力は、そこまで大きくはないのです。私自身も含めて。

このことから思うのは、物事にはすべて「裏表」がある、ポジティブとネガティブの両面がすべての現象には存在している、ということです。

大雨や大嵐というネガティブに対峙しようとする時、周りの人の温かさや優しさというポジティブに気がつくことがあります。逆に、失敗というネガティブを掘り下げていったら、じつはそこに次のステップのヒントというポジティブがたくさん埋もれていたということもあります。

ひきこもりについても、私はまったく同じだと思うのです。

2017年4月に、初めてIORIのイベントに参加した時に感じたことを、私は今でも鮮明に思い出すことができます。

100名近い参加者の中で誰がひきこもりなのかわからない、見た目は一般の人とまったく同じだと感じたこと。そして、私がひきこもり支援に踏み出す最初の一歩を後押ししてくれた細野さんとの出会い。こんなにも頭がよくて仕事ができる人が埋もれているのはもったいないと思った気持ち。

過去には、いとこたちに対して「サボっている」「努力が足りない」とネガティブに思っていた自分が、「一般の人と何も変わらない」「細かいところが気になってしまうことも、仕事を選べば強みになる」「コミュニケーションが苦手なのは感受性が強すぎて相手のことを想像しすぎてしまうから」と、ポジティブな視点で考えられるようになったこと……。

ひきこもりになる背景には親子関係やいじめ経験などいろいろとありますが、一つ共通して言えるのは、「ひきこもりは自分の身を守る術なのだ」ということです。

今回の新型コロナウイルスの感染拡大で緊急事態宣言が発令され、外出自粛になった時、息苦しさを感じた人も多かったと思います。

早く外出したい、誰かに会いたいと思うのが普通です。

しかし外に出るとメンタルに危機的ダメージを受けるから、あえて自分に緊急事態宣言を発令して、数年間、場合によっては何十年も自粛生活を送っているのが、ひきこもり者たちです。

私自身も、どちらかといえばひきこもり傾向があるとはいえ、せいぜい自粛できるのは1～2週間だと思います。それを何年も何十年も続けられるのは、ひきこもる以外に、自分の身を守る方法がわからないからです。そう考えると、ひきこもりという状態も、ポジティブに考えることができるでしょう。

自ら命を絶ってしまうよりは、生きてさえいれば何とかなります。そのための最終的な選択肢がひきこもることだとすれば、それはそれでありだと私は考えています。

一方で、気をつけなければならないのは、ネガティブな面に目をつむろうとした結果、ポジティブサイドだけを見てしまう＝聖人君子的に障害者やひきこもり者を捉えてしまうことです。

例えば、障害者には性的な欲求がなく、心のきれいな人が多いというイメージで捉えている人も世の中にはいるのですが、実際には、そんなことはありません。怒りなどの衝動を抑えきれないことだってあります。

ひきこもり者も同じで、基本的には心が優しくおとなしく、真面目な人が多いと思いますが、もちろんそれだけではありません。物事を自分の都合のよい方向（あるいは悪い方向）に考えがちだったり、自己肯定感が低い分だけ逆に自分をよく見せようとする傾向が見られるということも、人によってはあり得ます。

ひきこもり者も、私も、障害者も、みんな同じ人間なのです。

ＩＯＲＩを通じて仲良くなったひきこもり経験者で、私のカラオケ仲間の斉藤さんが以前、こんなことを言っていました。

「ひきこもりを悪と捉えるのはどうかと思うけど、聖人君子みたいに言うのも違うと思うんですよね。もっとドロドロしてますから」

これは、まさに私が感じる、ポジティブサイドだけを見ることの怖さのことだったのだと、今となっては思います。

ポジティブな面だけでひきこもり者を捉えることも、結局は垣根をつくることになってしまいます。要は、ネガティブとポジティブのどちらかに偏ってしまっても、「彼ら、彼女らは自分たちとは違う」という発想＝垣根をつくってしまうことになるのです。垣根をつくると、ひきこもり者のことを十分に理解することはできなくなります。

ポジティブとネガティブの両面を理解し、抱きかかえ、「それはそれであり」とニュートラルに思えるようになって初めて、ひきこもり者に対する垣根がなくなり、客観的な視点でひきこもりを考えられるようになるのだと思います。

人間が困難な場面に遭遇した時にとりうる防衛反応は、大きく三つあります。

戦うこと、逃げること、そして隠れることです。

ひきこもりは隠れた状態になるわけですが、すべてのひきこもり者が最初から隠れることを選んだとは、私には思えません。戦ったり逃げたりしてみたけれど、それでも解決しなかったから隠れることを選んだ、という人もいるのです。

これを、みなさん自身にも当てはめて考えてみてください。

どうでしょうか。

困難な場面に遭遇した。戦うのは無理だ。逃げることもできない。隠れる以外に道はない――。誰にでも、あり得る話ではないでしょうか。

誰もがひきこもりになる可能性があるということ、このコロナ禍の困難な時代だからこそ、ひきこもることが一つの選択肢になりえるかもしれないという想像力を、ぜひもってほしいと思います。繰り返しますが、ひきこもりには、ネガティブな面もポジティブな面もあります。

じつは、ひきこもり当事者・経験者の中には哲学的思考が大好きな人もいます。「自分がなぜひきこもったのか」ということも含めて、内面と深く向き合い、自分との対話を繰り返しているからこそ、自然と哲学的な思考・発想に行きつくのでしょう。

一つの物事を掘り下げて深く考えられるというのは、それだけですごい力です。ひきこもったからこそ得られる力だともいえるでしょう。

ネガティブとポジティブの両面をあわせて考えると、ひきこもりも「それはそれで、ありかもしれない」とニュートラルに考えられると思います。

それが、「ひきこもりの垣根」がなくなった状態です。

「ひきこもりであろうとなかろうと、結局は同じ人間なんだ」

「人間だから、人生いろいろあるよね」

「でも、それでもいいよね」

そんな発想です。

一度、みなさんの中にある先入観をできるだけ排除し、ひきこもりの垣根を取り払ってみてください。ひきこもりを客観的に考える機会をつくっていただけたら、ひきこもり者主体の会社を立ち上げた人間としては、とてもうれしく思います。

※ひきこもりハッカソンのレポート記事（WORKS by トイロハ）

〈前編〉https://works.toiroha.jp/1973

〈後編〉https://works.toiroha.jp/2090

エピローグ

２０１９年の12月。「めちゃコマ」を設立してちょうど丸２年が経過したある日の夕方、私の自宅にひきこもり当事者・経験者が18人集まってパーティーをしました。「ひきこもりパーティー（ひきパー）」と呼んでいるイベントなのですが、美味しい食事とお酒を楽しみながら、数名のグループに分かれていろいろと語り合います。

ただそれだけの場ですが、私にとっては仕事から離れてリラックスした雰囲気を味わうことができる貴重な時間です。

現在でも毎回定期的に参加してくれる人が十数名いるのですが、そうした仲間たちと知り合えたことに、私はとても感謝しています。

何も知らない第三者が紛れ込んだら、参加者全員がひきこもり当事者・経験者だとはまるで想像できないでしょう。

むしろ、いわゆる「パリピ（パーティーピープル）」の集まりと思うかもしれません。

このイベント一つを考えても、ひきこもりの垣根なんて、考え方や捉え方次第ですぐに取り払うことができると感じます。

それになにより、ひきこもりの垣根を取り払って考えたほうが、人生を楽しく過ごせるのではないかと思います。

「めちゃコマ」は、まだまだ発展途上の会社です。解決しなければならない課題もたくさんあります。

それでも私は、ひきこもりの垣根を取り払い、この会社を成長させ、ひきこもりの方をはじめとする生きづらさを抱えた人たちが、安全・安心に、そして私自身も含めて楽しく働くことができる環境をつくり上げていきたいと思います。

この本を手にとられたみなさんとも、どこかで「めちゃコマ」を肴に、いろいろとお話ができればと思っています。

そのような日が来ることを楽しみに、これからもひきこもりの垣根の先に一歩ずつ進んでいきたいと思います。

著者

本書に寄せて

一般社団法人 和の圀研究機構 代表理事　中 博

佐藤啓さんと初めてお会いしたのは、新型コロナウイルスが猛威を振るう直前の、令和2年1月末に大阪で開催された「精神医療の現場から見た在宅ワークの可能性」というシンポジウムでした。文字通り精神医療の現場に来られる方、とりわけひきこもりの方々の社会復帰をいかに支援していくかを議論する討論会です。

医師、社会活動家、障害者とその家族などが参集し、私が総合司会を務めました。私の司会は「朝まで生テレビ！」の田原総一朗氏のごとくに厳しく、パネリストを追及進行しましたが、専門家パネリストたちの論はそれ以上に情熱的で会場が湧きました。

その中でもとりわけ、佐藤さんの発言が飛びぬけておもしろく、かつ現実的であることに、強く感銘したことを記憶しています。

そのうえ驚いたのは、その現実的実行の場が「株式会社ウチらめっちゃ細かいんで」

という、多くの方が吉本新喜劇のお笑いグループかと錯覚するようなユニーク、かつ奇妙な名前の会社でした。略称がまたふざけていて「めちゃコマ」という。大阪人である私は、「これはなんじゃいな。真面目に考えてるんか」と、この名前を聞いたその瞬間、考え込みました。

しかし、その疑問は即座に感動へと変換されました。

ふざけているのではなく、真面目にこの問題に取り組むことを考えた究極の哲学が、この言葉に表出しているのだと理解したのです。

本書ではその「めちゃコマ」の設立から今日までの佐藤さんの苦闘が描かれています。その志の原点から、そしてそれを現実化するための経営者としての道筋が、さらにそこに登場するひきこもり当事者たちの真実の姿が、見事に活写されています。

私自身この書には、正直多くの点で啓発を受けました。

私は現在各地で「松下幸之助に学ぶ」と題して、経営の心を中心に各地で説法を続けています。松下電器、今のパナソニックの創業者である松下幸之助さんの生き様や哲学を今の時代にどう活かすべきかについて、多くの経営者に伝えています。

とくにその中でも、いまに通ずる松下幸之助さんの「言葉」を伝えています。

その私が、この書の各所で「ハッ」とする素晴らしい言葉に出会うことができます。

まず最初に出てくるのは、「ひきこもりは悪ではない」という言葉です。

ともすれば、世の中の多くの人はこうしたひきこもり者や障害者のことを「劣者」「劣後者」と見て、憐れむか、忌避するか、同情するのが日常です。

そうしたひきこもり者をもつ親ですら、不安の生活の中で否定的な考え方にとらわれがちです。

しかし佐藤さんたちの考え方は、まったく対極にあります。

「ひきこもったままでいい」

佐藤さんはじめスタッフは、ひきこもり当事者、経験者を「めっちゃ仕事ができる人」と考える、極めて人間的な体温をもった人々です。

ひきこもりの人の特性は「細かいことに気がつく」ことです。この特性から、常人以上に細かい仕事を根気よく仕上げていけるのです。歴史に残る偉人の多くはひきこもり者や発達障害者である可能性は、大です。画家のゴッホ、近年ではアップルを創業したスティーブ・ジョブズ、世界的日本人画家の草間彌生などなど、世界に業績を残す大人物ばかりです。

われわれ一般常識人は、「気づく」ことがないから、傷つくこともなく平凡に存在しているのです。平凡にして、意味なく悩むのです。

この書を読み、反省しきりです。

今世の中は「ＳＤＧｓ」と称して、持続可能な社会を目指していますが、この理念を貫くためには社会構造の大転換が求められます。

特にわが国では、弱者といわれる人々への対応は極めて脆弱です。

ズバリ国民の自覚に問題があり、さらに国の責任は重大です。とりわけ官僚群の無作為は犯罪的でもあります。

大阪でのシンポジウムの後、私は佐藤さんにメールを送りました。

素晴らしいスピーチを讃えるとともに
「佐藤さんが取り組むテーマは、次代の日本にとっての大きな課題です。しかし大きな壁があります。小生は、地方・中央問わず厚生行政は問題だらけと思います。それだけに我々民間人が今こそ、真に弱者のために戦う必要があります」
と、強いメッセージを送りました。
しかし佐藤さんの実態は私の推測を超えていました。彼はまさに弱者とともにすでに戦っていたのです。この書を読み、私は深く首を垂れています。

この書のもう一つの特徴は、優れた経営書、ビジネス書であるということです。単にひきこもり者を支援する物語では決してなく、ひきこもりというといわゆる弱者とともに、先端のＩＴ技術を駆使して、画期的なビジネスモデルを成功させた事業家の物語という側面があるのです。
経営コンサルタントとして注目するのは、ひきこもりの人を単なる弱者と見ず、経営の共同事業者と見て、彼ら、彼女らの「自助」を促し、事業に必須である「利益」を目標にして協業していることです。

それゆえ佐藤さんはこの事業を、一般社団法人やNPOではなく、株式会社という形で行っているのです。あっぱれです！

ここには、事業として「真剣勝負」の世界が見えます。

今日本をはじめ世界中が、自宅で仕事をするという「リモートワーク」が必須になっています。そして常人がこの自宅リモートワークに苦しんでいます。

「めちゃコマ」を通じて自然体で自宅で働く「ひきこもり」の人々が、今のこの日本のビジネスピープルの苦闘風景を見て、どう感じておられるのか、興味津々です。

コロナ禍で悩み働く人すべてが、この書を読む時がきたということです。

この書に登場するひきこもりの人々と、そして彼らと協業する佐藤さんから、我々は多くのことを学ぶことができるでしょう。

著者紹介

佐藤　啓（さとう・けい）

株式会社ウチらめっちゃ細かいんで 代表取締役社長／フロンティアリンク株式会社　代表取締役社長／株式会社ニュータイプ・ラボ　代表取締役社長
1973年、北海道生まれ。東京工業大学工学部電気・電子工学科卒業、米ワシントン大学経営大学院（MBA）修了。1996年、セイコーエプソン株式会社入社、ソフトウェア部門にて6年間のエンジニア経験の後、会社派遣による2年間の海外留学を経て、経営企画部門にて新事業育成等を担当。同時期に東京工業大学非常勤研究員も兼務。2006年にフロンティアリンク株式会社を設立。2017年に、日本初のひきこもり者主体の株式会社「ウチらめっちゃ細かいんで」を設立、内閣府をはじめとする官公庁や企業などで講演を数多く行う。2019年、長崎県五島市に、障害者の在宅雇用を推進する株式会社ニュータイプ・ラボを設立。2020年、同社代表取締役に就任。

●著者 Facebook
https://www.facebook.com/frontierlink.sato

株式会社《かぶしきがいしゃ》ウチらめっちゃ細《こま》かいんで
ひきこもり×在宅《ざいたく》×IT＝可能性無限大《かのうせいむげんだい》！　〈検印省略〉

2020年　12　月　1　日　第　1　刷発行

著　者――佐藤 啓（さとう・けい）
発行者――佐藤 和夫

発行所――株式会社あさ出版
〒171-0022　東京都豊島区南池袋 2-9-9 第一池袋ホワイトビル 6F
電　話　03（3983）3225（販売）
　　　　03（3983）3227（編集）
ＦＡＸ　03（3983）3226
ＵＲＬ　http://www.asa21.com/
E-mail　info@asa21.com
振　替　00160-1-720619

印刷・製本（株）ベルツ

facebook　http://www.facebook.com/asapublishing
twitter　http://twitter.com/asapublishing

ISBN978-4-86667-248-9 C2034